教师发展丛书

教师怎样用好信息技术

◎ 刘向永 等著

教师怎样让师德师风落地生根

教师怎样引导学生更新学习方式

教师如何进行教育技术

新课程的课堂教学怎样做教学诊断

教师怎样进行校本研修

教师怎样教学是什么样子

教师怎样设计一堂好课

教师怎样进行课堂教学质量的管理

东北师范大学出版社

长　春

图书在版编目(CIP)数据

教师怎样用好信息技术 / 刘向永等著. —长春：
东北师范大学出版社，2020.7
（新时代教师发展丛书/严先元主编）
ISBN 978 - 7 - 5681 - 7008 - 6

Ⅰ. ①教… Ⅱ. ①刘… Ⅲ. ①中小学－计算机辅助教
学－教学研究　Ⅳ. ①G434

中国版本图书馆 CIP 数据核字（2020）第132952号

□责任编辑:毕冬微　曲　颖　□封面设计:隋福成
□责任校对:赵淑波　李　杭　□责任印制:许　冰

东北师范大学出版社出版发行
长春净月经济开发区金宝街 118 号（邮政编码:130117）
电话:0431-84568164
网址:http://www.nenup.com
东北师范大学音像出版社制版
辽宁新华印务有限公司印装
沈阳市张士经济技术开发区中央大街六号路 14 甲－3 号
（邮政编码:110021）
2020 年 7 月第 1 版　2020 年 7 月第 2 次印刷
幅面尺寸:169 mm×239 mm　印张:15　字数:217 千

定价:86.00 元

总　序

　　教师是立教之本、兴教之源。教师作为教育发展"第一资源"的价值判断，确定了教师在实现中华民族伟大复兴中国梦进程中的重要作用。中共中央、国务院在《关于全面深化新时代教师队伍建设改革的意见》中明确指出："教师承担着传播知识、传播思想、传播真理的历史使命，肩负着塑造灵魂、塑造生命、塑造人的时代重任，是教育发展的第一资源，是国家富强、民族振兴、人民幸福的重要基石。"这不仅强调了教师与现代化国家的共生关系，更突出了建设高素质、专业化、创新型教师队伍与建设具有中国特色社会主义现代化强国之间的密切关联。

　　党的十九大报告指出，使命呼唤担当，使命引领未来。建设高素质、专业化、创新型教师队伍任重道远。我国有研究者指出，建设这样一支队伍主要有三条基本途径：一是个体内在路径，二是制度外部路径，三是文化融合路径。① 本书在这三个方面都有涉及，但更多地聚焦于教师主体性实践的个体内在路径，对当前广大教师来说，这可能是更适切的。

　　关于本丛书内容选择，主要出于以下考虑：习近平总书记曾在《求是》杂志发表《一个国家、一个民族不能没有灵魂》的重要文章，他引用《左传·襄公二十四年》中的话"太上有立德，其次有立功，其次有立言"，教导我们要"立德""立功""立言"，才能创不朽之业。本丛书重视通过"以德立身、以德立学、以德立教、以德育德"，促进师德修养提升，不仅有专册论述，而且在各册中突出价值定位和价值引领。由于教师的"建功立业"在时

---

　　① 朱旭东，宋萑，等. 新时代中国教师队伍建设的顶层设计 [M]. 北京：北京师范大学出版社，2018：8-9.

间和精力上大多用于"教学活动",特别是用在"提高教学质量的主阵地——课堂教学"上,因此我们针对教学诊断、教育评价、教育行动研究、校本研修等都做了分册撰述。同时,根据教师专业的特质,教师发展必须以"实践性知识"作为支撑,我们也从校本研修、行动研究、技术促进学习和提高信息素养等方面做了一些专门的讨论,希望教师以"立言"的形式进行创新探索,积淀经验成果,实现交流互动。

建设教育强国是中华民族伟大复兴的基础工程,我们每一位教师都为投身这伟大斗争、伟大工程、伟大事业、伟大梦想而深受鼓舞。我们深信,经过奋发努力,"教师综合素质、专业化水平和创新能力大幅提升,培养造就数以百万计的骨干教师、数以十万计的卓越教师、数以万计的教育家型教师","广大教师在岗位上有幸福感、事业上有成就感、社会上有荣誉感,教师成为让人羡慕的职业"的目标一定能实现。

为此,我们期待着本套丛书的出版能够为广大基层教师的教育教学工作带来一定的帮助。

2020 年 7 月

前　言

　　随着科学的不断创新与技术的迅猛发展，人类社会正在进入一个全新的智能时代，教育也在发生着深度的变革。我国政府高度重视中小学教育信息化工作，提出要"形成与教育现代化发展目标相适应的教育信息化体系，充分发挥信息技术对教育的革命性影响作用"。信息技术应用能力成为了新时代高素质教师的核心素养。教师需要学习和应用信息技术以便更好地促进教学。教师恰当应用信息技术会起到激发学生兴趣、丰富课程资源等正面作用，但不恰当应用信息技术也会产生喧宾夺主、妨碍师生互动等负面影响。因此，我们既要让教师主动适应信息化、人工智能等新技术变革，又要让教师避免为了使用技术而使用技术，从"会用"到"用好"是对教师信息技术应用的高层次要求。

　　那么，什么算是用好信息技术呢？用好信息技术的关键因素是什么？如何在教学全过程的各个阶段恰当地应用信息技术呢？应用信息技术有哪些好的资源呢？为了解答这些问题与困惑，我们推出了《教师如何用好信息技术》一书，以帮助教师寻找如何在教学中用好信息技术的"秘籍"，使他们可以成为数字化教学的研究者与实践者。本书将有利于改变广大教师对信息技术应用存在的畏惧情绪与低效状况，增强教师信息素养意识，提高教师的信息技术应用能力。本书从理念转变入手，在备课、上课和评价的教学全过程中，围绕教师如何用好信息技术中的常见问题展开，条分缕析地做出问题解析与研修指导，呈现了教师信息技术应用全过程中需要掌握的策略、方法和技能。本书分为五个部分：第一章为教师如何适应智能时代；第二章为教师如何用信息技术备好课；第三章为教师如何用信息技术优化课堂教学；第四章为教师如何用信息技术转变学习方式；第五章为教师如何用信息技术做好评价。每一部分的理论导航和行动研修都彼此配合，相得益彰。

本书具有以下特点：第一，以教学需求为线索，将信息技术操作技能和应用方法进行细化分析和系统梳理，形成了从备课、上课到评价的完整体系，符合教师信息技术应用的实际需求；第二，以理论方法为引导，帮助教师立足具体课堂教学从系统层面思考技术在教学中的应用，掌握技术与教学融合的规律与策略；第三，以应用案例为支持，提供了翔实的信息技术应用典型案例，在每一个案例前提供相应的引导性提示与解读，以帮助读者更好地理解案例，借鉴经验，并能结合自身实际进行迁移与创新。

本书不是单一个体的成就，而是由一个团队共同实践、思考、研讨、撰写而成，是分工协作集体智慧的结晶。全书由刘向永（江南大学）设计结构与统稿。江南大学的刘向永、李媛，蠡园中学的孔丽丽，天津音乐学院的郭鹏飞，四平市二马路小学的宋天庆，无锡市教科院的史弘文，无锡市教育信息化管理服务中心的毛炜、顾筱玲等人共同参与了本书的撰写。

面对智能化未来，教师们要去积极适应和勇于改变。首先，要勇于迈出第一步，既然智能化教学是未来发展趋势，我们就要去接纳它、适应它；其次，要在实践中成长，通过实践，教师们才能熟练操作技能，创新教学方法。我们始终需要秉承"技术向善"理念，遵循学习规律，使用技术去启迪学生智慧并赋权学生，这才是教师用好信息技术的"大智慧"。

刘向永

2020 年 7 月于无锡

目　录 Content

第一章

教师怎样适应智能时代

我们要勇敢地拥抱未来，充分发挥人工智能优势，加快发展伴随每个人一生的教育，平等面向每个人的教育、适合每个人的教育、更加开放灵活的教育，给予孩子们美好的童年生活。

第一节　面向智能时代的教育变革

随着时代发展，智能技术逐渐成为改变社会发展的主流技术。智能改变着传统的工作、生活和学习。人们已经习惯了刷脸进车站、语音自动翻译等智能行为。在教育领域，人们也充分感受到了智能技术的冲击，曾经的教育目标、教学内容和学习方式也必须转变。面向智能时代的教育变革已经迫在眉睫，时不我待。

一、技术与时代——智能时代是摆在全世界面前的新起点

技术一直是推动社会发展的坚实力量，每次社会变革都源自技术进步。而从最传统的蒸汽时代到电气时代，再到信息时代，每次科技革命都带来了社会全面发展和产业更新换代。如今，以人工智能技术和大数据为代表的智能技术又引领着时代发展和产业变革，使人类社会步入一个全新的智能时代。习近平总书记指出，"新一轮科技和产业革命正在创造历史性机遇"。因此，我们必须认识到智能技术对未来社会结构和产业变革所带来的挑战和机遇。我们要抓住这次难得的机遇，深刻改变人类生活和生产方式以及思维模式，实现社会生产力的整体跃升。

智能技术正在深刻地改变着社会，改变着人们的生活、工作和学习方式：已经遍布了城市大街小巷的共享单车，就是依靠先进的定位技术让骑行者方便地寻找到单车；出入机场和高铁站等只靠"刷脸"就可以轻松地实现出入站检查；"刷脸"支付则更加方便人们的日常生活。智能技术虽然发展时间不长，却迅速地深入人们的日常生活，改变着人们的传统行为方式。

智能时代的开放性也形成了一个多极的世界，任何一个国家不可能在所有领域都称雄。在未来人工智能领域，世界各国必然处于一个你中有我、我

中有你、相互依存的发展环境中。国家科技部副部长徐南平谈道："能否在技术前沿和关键技术上取得实质性的突破，找到自己的发展优势，关系到我们能否成为世界人工智能领域的重要一极。"

二、技术与人——让人从繁重的劳动中解放出来

"希望所有人从今天繁重的劳动里全部解脱出来"，京东集团董事局主席兼首席执行官刘强东谈起自己最大的梦想时引起台下一片掌声。智能技术的快速发展，正在让人能够从繁重的劳动中解放出来。刘强东说，他去东北农村时发现村里的人已经学会操作无人机实现自动化喷洒农药，再也不需要人工去喷洒农药，实现了智能喷洒，同时也保证了农民的健康。此外，京东正在努力让送货机器人代替快递员送快递，因为智能机器人越来越聪明，"如果再解决了让机器人爬楼梯、走斜坡的问题，机器人完全可以替代配送员"。

智能技术的快速发展虽然帮助人们解决了一些繁重的劳动问题，但同时带来了机器会取代人的担忧。不过技术的进步是不可阻挡的，我们必须认识到智能时代的大势所趋。在智能时代，繁重的体力劳动可以交给机器人去完成，人类则可以花更多的时间去做一些机器做不了的事情，例如加强思考，或者利用更多的时间搞一些艺术创造，做自己喜欢做的事情，花更多的时间跟家人在一起，"让家庭更加稳固，让人更有爱"。

因此，阿里巴巴集团董事局原主席马云认为，不管机器如何厉害，终究不可能取代人类。他认为，过去 200 年人类在追求知识的过程中，对外部世界的了解越来越多，未来人类将通过各种各样的技术了解自身。对整个世界而言，目前还处于智能时代的"幼儿园时期"，未来 5～10 年会发生翻天覆地的变化，变革之大将超乎想象。随着机器工业化的发展，人的工作时间会大大缩短，"到那时才真正是，机器做机器的事、人类做人类的事"。

三、技术与教育——智能时代的教育更重视育人

人工智能技术改变着社会，改变着人们的生活方式，同样，人工智能也

在挑战着传统教育，让人们重新思考教育要培养什么样的人和怎么样培养。我们要逐渐摆脱以往的工业化的教育印记，迎接一个全新的智能时代。依靠人工智能技术，我们可以改变学习环境，转变教与学方式，形成一个精准、个性、灵活的教育服务体系，从而最大限度地满足学生的发展需要。

1. 学习环境：从"教育工厂"到"学习村落"

如果把过去的学习环境比作"教育工厂"，那么人工智能时代的学习环境就是"学习村落"。在这里，每个学习者都掌握学习的主动权，人工智能可以帮助他们找到志同道合的伙伴和相互匹配的导师，推送适配的学习资源，提供精准的学习支持。

2. 学习方式：从"学以致用"到"用以致学"

今天，以知识为中心的学习方式已经无法满足时代发展的需要，仅靠死记硬背就可以掌握的知识或技能逐渐失去价值，人工智能在这些方面可以比人做得更好。这就要求我们必须转变教育观念，加快推动学习方式变革，从"学以致用"走向"用以致学"，更加重视每个学生的独特体验，鼓励他们在解决问题中学会解决问题，在做事中学会做事，成为能够适应未来复杂挑战的人才。

3. 构建全社会参与的教育生态

作为一项复杂的系统工程，智能教育不能走"头疼医头，脚疼医脚"的老路，要从构建良好生态的高度进行教育改革：鼓励社会力量提供多样化的教育服务，适当放宽办学资格门槛，为教育公益组织的成长创造更大空间；建立行业专家驻校制度，包括科学家驻校、工程师驻校、文学家驻校、艺术家驻校等，鼓励行业专家为学生开设专题讲座、指导研究性学习，开展技能培训等，任何有专长的人都可以成为"教师"；支持学校购买教育服务，加大财政支持力度，拓展教育公共服务的有效供给，帮助学校构建起一套覆盖广、选择多的课程体系，最大限度满足学生多样化的学习需求。

第二节　用好信息技术：教师必备素养

随着智能时代的来临，信息技术以一种无形的方式浸入教育系统中，改变着教师的教学理念与行为。信息技术应用能力成了智能时代教师的必备素养。但从现实看来，很多教师使用了信息技术，效果却并不理想，如何用好信息技术倒成为教师的追求。用好信息技术有两个追求：一是充分认识到信息技术的潜在教学价值，勇于使用；二是深刻挖掘利用技术来变革的方式，而不仅仅是只起到替代或强化的作用。

一、必备——教师信息技术应用能力

信息技术承担的应该是教学工具的职能，并不能取代教师的主导地位。"计算机并不是什么神奇的魔法，而教师才是真正的魔术师。"信息技术所带来的学与教方式的改变，对教师提出了新的挑战：面对不一样的学习设备，准备不一样的教学方式，提供不一样的学习指导，实施不一样的教学评价。

教学方式与教师的能力存在一定的匹配问题。一种教学方式的应用，必须有能力与之相匹配的教师，这样教学才能顺利开展。基于信息技术的学习，作为一种新的教学方式，对教师的各方面能力提出了新的诉求：就心态来说，教师需要具备与时俱进的教学理念；就角色定位而言，教师要找准自己的角色与责任；就综合能力而言，教师要掌握相对应的技能准备。所以，信息技术与教学融合的开展，要求教师从理论到实践，由内而外都要做出一定的改变。

在信息技术与教学融合过程中，要将教学重点从教师"讲授式"的教转向学生"创造性"的学，教师要不断提升自身的综合能力，探索有效的教学法。此情此景下的综合能力蕴含着极其丰富的内容，包括设备和软件的应用能力、信息技术环境下的教学能力、丰富的跨学科教学活动组织能力、信息技术环境下的评价能力、较好的现场应变能力与解决问题的能力等。

1. 设备和软件的应用能力

有了信息技术的参与，教师课堂教学的工具由以前的粉笔、课本、黑板、多媒体设备扩充到智能手机、平板电脑、笔记本电脑等其他设备。教师可以启用教学平台、论坛讨论、线上交流等。当然，前提是教师要具备应用这些设备或教育软件的能力，拓宽对技术认识的广度和深度。这个问题对信息化环境下的教师来说，应该不足以构成困难。

2. 信息技术环境下的教学能力

在教学中使用设备的最终目的是促进学生的学习，所以教师要侧重对教学法的使用，让学生有效地使用各种方式学习。教学过程作为课堂最重要的环节，是知识得以传播和接收的过程，是"教""学"行为发生的主要时间段。传统教学中讲授式的教学方式虽被广泛接受，但是效果甚微，所以信息技术环境下的教学行为必须有所改变。

第一，注重教学的情境性，尤其是生活情境和课堂情境的整合。虽然建构主义是教育界公认的比较好的教学理论，但是由于创设情境比较耗时或教师的工作量太大等难题的存在，情境化教学的使用还是比较少。而在信息技术与教学融合中，教师为了将学生的注意力聚焦到教学内容上来，必须设计出与生活情境非常接近的教学情境，从而减少学生对设备本身的注意。

第二，实行小组学习，关注协作学习。互联网时代，社会各界对个人的团队协作能力越来越关注。团队协作理念在教育领域也引起了充分的重视，甚至产生了"学习共同体"的概念。在"学习共同体"中，每一个学生都融入其中，他们共享教学资源，分享各自的观点，各司其职但又集中地解决一个问题。这种模式与企业追求的团队合作理念不谋而合，并且是往后教学长期追求的目标。

第三，充分利用设备，增加师生、生生互动。教学的双向性有两个方面的表现。其中一方面是教师与学生之间的互动。传统教学之中教师提问、学生回答的环节，就是师生互动的一个表现。但是信息技术环境下的协作拥有了更丰富的内容，如：教师通过前期测验了解学生的预习情况，通过课堂讨论的形式了解每个学生的发言积极性，通过作品展示了解学生创造性思维能力的发展情况等。另一方面是学生与学生之间的交流。人不是孤岛，学生的学习也不能脱离交流。孔子曰："三人行，必有我师焉。"学生通过与别人的交流能够发现自己看待问题的漏洞，从而取长补短，完善自己的想法。信息技术与教学融合中，教师要以协商互动的方式不断优化信息技术的教学应用。

第四，虚拟课堂与传统课堂，正式学习与非正式学习的整合。流畅的通信与便携的设备让世界浓缩成了一个"地球村"，促进了泛在学习环境的产生。信息技术与教学融合整合了虚拟课堂与传统课堂，连接了学生的正式学习和非正式学习，实现了线上线下学习的无缝隙接轨，让泛在学习的理念进一步深化，演变成"无缝学习"。

3. 丰富的跨学科教学活动组织能力

在信息技术与教学融合中，设备的存在可能会导致教学内容对学生的吸引力大幅下降，使学生注意力的集中时间减少。教师若没有进行丰富有趣、参与度强的教学活动，就难于吸引学生的注意力、激发学生的学习积极性和学习兴趣，也难以取得优良的教学效果。因此，教师需要对教学活动进行精心设计以促进学生的学习参与，尤其要注重跨学科的教学活动设计。

4. 信息技术环境下的评价能力

信息技术与教学融合培养的是学生多方面的能力，如创造性思维能力、批判性思维能力等。因此，传统教学中，统一用成绩来评定多个学习者能力的评价方式不再适用，必须从多个角度、多个方面进行考核。结合多元智能理论的指导，教师可以将德、智、体、美、劳及创造性思维能力、审美能力等多个方面都列入评价维度之中。除此之外，教师也可以将全过程性评价作为参考方式，关注学生在学习过程当中的情况，对学生的表现进行打分。

5. 较好的现场应变能力与解决问题的能力

信息技术与教学融合中，教学内容和教学过程都不是固定的，而是具有一定的生成性特点。由于教学过程中存在诸多不确定性，教师不能根据课前备好的教案按部就班地进行，而要根据学生的反应或者问题及时调整教学步调，所以，较好的现场应变能力与问题解决能力也是教师开展信息技术与教学融合的必备能力。

二、误区——教师信息技术应用现状

在教学中，应用信息技术有激发学生兴趣、丰富课程资源等优点，但不恰当地使用信息技术也会对教学产生负面影响，如：教学资源喧宾夺主，图解扼杀学生的想象力，音像代替实践体验，机器妨碍情感互动，等等。信息技术本来应该是辅助角色，若成为课堂教学上的"主角"则本末倒置。

1. 技术应用忽略了学科本质

每个学科都有其独特价值与内涵，信息技术融入教学要充分考虑学科的特点，不能脱离学科本质甚至妨碍学科本质发展。例如，语文教学就是要让学生在解读文本、理解文本中去感受其中蕴含的思想感情、审美情趣、价值判断、人文精神。文本的魅力之一就是每个人都可以有自己的理解和想象。有些语文课，教师为了突出直观、形象，直接给出图片或者视频，反而限制了学生对文本的解读与想象。笔者刚刚开始学习语文的时候，读到"燕子来了，春天到了"的句子时，脑海中就会呈现出一幅春意盎然的图画。直到现在，每次想到春天，脑海中会自然呈现出那种意境，这是任何影像都无法替代的。另外，以直观形象取代文学意象，会导致文学含蓄性的消失和学生想象力的弱化。笔者曾经听一位教育信息化专家举过这样一个例子：学习古诗《望庐山瀑布》中"飞流直下三千尺，疑是银河落九天"时，有了信息技术以后就可以让学生直观、形象地看到庐山瀑布了，但从照片中一点也看不出庐山瀑布如何有三千尺，如何像是银河落下来了。诗歌文本本身带有一定夸张成分，学生在品味语言的基础上，可以激发想象机制，对文本进行思维再加工，在头脑中构建属于自己的心灵世界，而现实的照片则过于真实，摧毁了对文本的想象空间。

2. 技术应用削弱了师生情感互动

课堂教学需要教师与学生情感碰撞，心灵交会，在师生对话之间体会教学的魅力。但在一些课堂上，教师更关注多媒体的操作和教学内容的呈现而忽视与学生之间情感的沟通，人性化的教学被冷冰冰的机器取代。例如，有时候，教师为了体现新技术的运用，会播放课文朗读录音让学生跟着一起朗诵。虽然录音的发音很标准，朗诵也抑扬顿挫，却缺乏师生面对面的情感交流；技术虽好，却是冰冷的工具。再如，一些教师上课不使用黑板和粉笔，而是用多媒体屏幕直接投影教学内容。其实，教学有赖于教师牵引学生的灵魂行走于学科内容学习和思想引领上，人与人之间才能够产生最真挚的情感交流，而教师在放弃粉笔字的同时，也放弃了为学生示范和展示的机会。要知道课堂不仅仅是传递知识的地方，也是一种人文精神感染的场所。

3. 技术应用妨碍了教学设计

一些教师在教学中应用信息技术存在着去学科、重媒体的弊端，缺乏对课程本质的思考，机械地套用媒体工具，从"人灌"到"机灌"。他们认为，一堂课如果没有加入信息技术的元素，似乎缺乏时代气息。他们将大量时间花费在课件制作上，将注意力集中在多媒体呈现上。其实，设计一堂优质的课例，教师首先需要考虑的绝不是如何制作多媒体课件，而应该着眼于要达成哪些教学目标，采取哪种教学方式和活动来达成这些目标。笔者曾经听过几节应用电子白板的课例，在有的课堂上，学科教学最精髓的东西教师没有讲出来，而下了许多功夫在如何使用电子白板上。教师表面上使用了最先进的信息技术，但教学理念却丝毫没有改变。实际上，教师使用信息技术之前要先思考：什么是学科？学科课程到底要培养学生什么？信息技术到底能够给这节课带来哪些好处？不用信息技术是否可以？教师唯有回答了这些问题，才能够真正恰当而有效地使用信息技术。

4. 技术应用阻碍了学生发展

教学中应用信息技术的目的是促进学生发展，但是实际情况常常适得其反，信息技术呈现信息的方式存在着诸多弊端。诺贝尔奖得主李政道教授曾讲道：在美国哥伦比亚大学给高年级学生上课是不能用多媒体课件的，教师必须用粉笔讲课！其原因是：讲课重在与学生做思想交流，PowerPoint 等多媒体设备的应用扼杀了深入讨论、批判性思考以及周密决策。而有些教师为了更多地传授知识，往往大量使用信息技术，使得课堂教学内容过满。学生面对大量的信息，只能茫然地被动接受。在一些课堂上，教师只是一味地问，一味地做（题目），一味地看（幻灯片），一味地追求新、奇、异，大多像开会（杂），像演戏（乱），像比赛（闹），很少停下来充分讲解画面本身的内容，很少与学生进行深层次的交流探讨，学生没有足够的时间去观察探究，该做的笔记没做，该思考的没跟上，对所学内容生吞活剥。

信息技术教学应用中出现的误区，实际上是由于教师对信息技术的角色认识偏颇所导致的。信息技术只是工具，只是手段，真正的魔术师仍然是教师。教师应该让信息技术回归正确的位置，回归是对弊端的反拨，这样才能够真正发挥出信息技术应有的作用。

三、用好——教师信息技术应用的追求

科技的快速发展，移动互联时代的到来，改变了传统的学习生态，促使人们重新认识信息时代的学习本质，使得传统教育走向智慧学习。正如北京师范大学余胜泉教授所言，"'互联网＋教育'既可以实现传统教育所关注的规模，又可以实现优质教育所关注的个性化；既能够实现每个人都应该有的公平，又能够实现跟每个人能力相匹配的高质量的服务"。

1. 从浅层学习到深度学习：技术支持下的教育追求变化

信息技术到底能够带来什么呢？是不是仍然是传统的课程目标和课程内容呢？人们在进行教育信息化实践时都试图去改变原来的教育追求。传统的简单记忆背诵已经不符合教育信息化发展的要求，教育信息化呼唤着学习内容与形式的全方位智慧化。教育要让学生适应和驾驭海量的信息与知识，课程作为教育活动的核心载体，必须从"传授知识为主"向"培养学习与应用能力为主"转变。华东师范大学祝智庭教授呼唤着人们从"愚笨"教育走向"智慧"教育。技术背景下教育追求正在发生改变，从浅层学习到追求深度学习正成为越来越多的教育信息化研究者和实践者的理想和现实追求。新媒体联盟及北京师范大学智慧学习研究院公布的《2016新媒体联盟中国基础教育

技术展望：地平线项目区域报告》中，就将"转向深度学习方法"作为未来五年或更长时间内推进中国基础教育的技术应用的三个长期趋势之一，"追求深度学习"被列入《2014地平线报告》（基础教育版）的近期趋势之一。在课堂教学中开展深度学习已经成为一个新的关注点。深度学习指以创新方式向学生传递丰富的核心学习内容，并鼓励他们在生活和社会实践中应用所学知识与技能。

教育追求改变了，首先会导致学校课程的变化。从国家层面，面向核心素养培养的国家课程设计正在进行。我国学生发展核心素养，以科学性、时代性和民族性为基本原则，以培养"全面发展的人"为核心，分为文化基础、自主发展、社会参与三个方面。此外，我国很多中小学校也在进行校本课程改革。例如，南方科技大学附属小学以统整的思想、STEM的课程理念为统领，把数字技术作为学习的沟通媒介和支撑工具，让技术深度融入课程，凸显"人"和"课程"。该校的"语文统整项目课程"旨在突破语文学科教学的封闭状态，在阅读的基础上，用专题的形式将语文学习与社会实践、探究学习与社会对学校提出的各种要求进行统整，把语文与其他学科的学习统整起来，以支撑学生社会化的需要，提升学生的语文素养。

2. 从被动接受到主动探究：技术支持下的教与学范式转变

信息技术应用不单是课程目标的改变，也存在教学范式的转变。《教育信息化"十三五"规划》中提出："依托教育信息化加快构建以学习者为中心的教学和学习方式。"教师应将信息技术有效地融合于各学科的教学过程以营造一种信息化教学环境，实现一种既能发挥教师主导作用又能充分体现学生主体地位的以"自主、探究、合作"为特征的教与学方式，从而把学生的主动性、积极性、创造性充分地发挥出来。在信息时代，教师传授的不仅仅是知识，更重要的是过程——让学生学会学习。很多情况下，知识会过时，甚至短短几个月内，新知识就会替代旧知识。所以，教师教学的重点在于让学生学会学习。

回顾过去，我们能明显看到人们对教学范式转变的热情。以往单纯填鸭式的教学模式正在受到越来越多的批判和抛弃，翻转课堂作为一种成熟的教学范式，正在被越来越多的人认可，它不再是一场革命，而是作为教学范式转变的一种选择。除了翻转课堂，我们发现从以往被动接受到主动探究的教学范式转变有了更多的选择，项目式学习、游戏化学习等新型教学范式正在中小学日益普及。台南大学的林奇贤教授所组织的全球中小学校学习社群创新学习模式竞赛推动了基于网络的项目式学习实践。林奇贤教授创办了教学数字化的虚拟学习平台——群学网，他倡导在传统校园之外，辅以虚拟学习及新学习空间的概念。在 2016 年，张家港市万红小学黄利锋老师设计的三个网络主题课程，获得了全球中小学校学习社群创新学习模式竞赛奖励。

技术支持下的游戏化学习也正在深入中小学。游戏化学习（或教育游戏）逐渐成为新的研究和实践热点。例如，Minecraft 是一个沉浸式的游戏学习环境，学习者可以是游戏者，也可以是学习环境的创建者。在游戏中，学生不仅可以多人协作、创造性地完成"真实"世界中的问题，还可以创造性地搭建电梯、迷宫、游乐场。就像 Minecraft 广告中所说的，你可以创造任何东西。但这恰恰不是传统的教室教学场景能够支持的，只有真正的"学习共同体"场景才能够支持。

3. 从被动控制到主动赋能：技术支持下的解放学生

网络上传播过一则有关教育信息化事件的新闻：某中学装了一个智慧课堂行为管理系统，里面有三个摄像头，通过它可对学生的课堂行为进行捕捉。校长说："它是一双慧眼，可以洞察课堂上的一切。运用这个系统，我们可以看到哪些同学是在专注听课，哪些同学是在开小差。"这则新闻报道后，许多学者和教育界人士普遍持批评态度。为什么呢？因为如同网上有篇文章所言："技术的发展和运用，从来就不应为了去控制一个人，而是要使每一个人得到解放，获得更多的自由。"但在现实生活中仍然存在这样的现象：某些技术使用者正以个性化、精准为名在对每个学习者的学习行为进行控制，而不是真正地从学习者个体发展的角度出发提供支架和帮助。例如，某高中正在实行的翻转课堂实践，仍然是使用任务试图将学生牢牢地控制住，看似教师不再讲了，但学生在被控制下难以真正实现自主学习和高效学习。

为脱离控制学生的思路，我们需要借助技术，给予学生更多深度理解的机会、更多运用知识的机会、更多相互协作的机会、更多动手创造的机会，努力激发学生的内部动机。就像 Dan Pink 说的，内部动机就是自主、掌控和目的。自主，是主宰自己生活的欲望；掌控，是把重要事情做得越来越好的欲望；目的，是我们想达成的渴望。这些内驱力促使我们行动并且把事物做得更好。教师要努力让学生在内部动机的激发下学习，而不是在被动和压力下学习。国际教育技术协会（ISTE）设定的学生第一条能力标准就是赋权学习者（Empowered Learner），学习者能够运用技术积极地选择和实现自己的学习目标，并能将学习目标外显化。如何调动学生的内部动机，使其真正成为学习的主人，以强烈的愿望、饱满的热情持久而深入地参与学习活动，不再因应试升学的压力、教师强制性的要求或父母的期许等外部因素进行被动的、忍受式的学习，是技术应用于教学的关键。

4. 从选拔甄别到个性诊断：技术支持下的教学评价深化

以往的教育评价主要建立在甄别选拔价值目标上。随着教育改革的深入，改变传统的教学评价成为最紧迫的事情。当前教育评价价值趋于多元，以互联网为代表的新一代信息技术发挥着重大作用，为教育评价变革带来了前所未有的可能。互联网使教育评价在评价依据、评价主体参与、评价内容、评价发挥的作用等多个方面实现了转变。

技术支持下的教学评价首先是评价内容发生了改变。有了技术支持，许多原来不能评价的内容逐渐进入了评价体系，可以探索将综合素质评价作为中考和高考改革的突破口。例如，北京市在初中入学及中考中逐步尝试采取多种方式，除了关注学生的学业素养，综合素质评价将"产生更大的作用"。2016 年年底，北京义务教育阶段学生综合素质评价电子平台建立，经过授权，中小学生的个人成长记录和素质评价均可上网查阅。这意味着，中学在招生和教育中可借助该电子平台迅捷地了解学生综合素养的评价情况。

技术支持下的评价将成为学习的一个组成部分。正如教育部基础教育质量监测中心网络部主任张生所言："评价即学习，意味着评价本身就是一个学习过程，是未来学习的重要环节而不是辅助手段。"技术支持下的评价将使评价方式从总结性评价发展为过程性评价，更重视评价的诊断、激励与改进功能，更关注学生的个体差异，尊重每个学生的特点，促进学生个性化、全面发展。例如，以极课大数据、科大讯飞等公司的软件为辅助，教师不再是单凭经验进行教学，而是动态地对学生的评价数据进行分析。数据分析可以改变教师看待分数的方式，可以使教师探查分数背后的能力与素养。从"经验主义"走向"数据主义"，以数据为基础的评价可以反映真实的学生情况，可以洞察纷繁表象背后的教学问题，可以摆脱经验主义的束缚，提供更为科学的指导和方向。

科技可以帮助人们发现教育的核心，但是无法解决教育中出现的所有问题，颠覆式的教育改革不是一蹴而就的，我们的目标应当是"更新不止"。我们只有积极地投入教育信息化研究、实践和反思的过程当中，才能真正在实践中成长和收获。

第三节　学习本身比技术工具更重要

信息技术进入中小学校，到底能给学生带来什么呢？目前已经有大量的论文和实证研究认为信息技术有助于激发学生的学习动机，提升学生的自信，提高学生的学业成绩。然而，教育信息化并不是灵丹妙药，绝不能匆忙就应用到教学实践中去。教师们首先应在理念上形成转变，认识到信息技术融入教学不是对现有课程的花样翻新，而是改进现有的课程理念，让技术为我们的教育理念、课程理念和学习理念服务。

一、借助 SAMR 模型分析教学应用

成功的技术融合不会在一夜之间发生，知道怎么样使用某种信息技术设备，并不一定意味着能够有效地使用信息技术设备进行教学改革。香港大学荣休教授、教育政策研究中心主任程介明就说："若不小心，用的也许是崭新

的科技，结果却极可能加固了过时的教学观念。"那么，我们怎么样来评估信息技术应用到底是好是坏呢？美国教学技术专家鲁本·普恩特杜拉（Ruben Puentedura）提出了技术应用的 SAMR（替代、增强、修改、重新定义）模型，为我们考察技术融合提供了一个很好的理论框架，如图 1-1 所示。鲁本将技术对教学的作用分为两个大类别：增强和改造。在一端，利用各种不同类型的移动设备（如使用数字化课本或利用多媒体演示），使技术用于强化课程。很大程度上，技术只是被改头换面，放到传统设计的课堂之中，要么用来替代以前的学习资源，要么用来稍微增强以前的学习资源，没有功能上的改进。而在另一端，技术用于改造学习。改造的方法是借助深度学习和建构主义理论的教学观，设计教学活动，培养学生对所学内容的深入理解并且提高学生的课堂参与度（例如让学生们制作视频来展示他们对所学知识的理解），即达到如果不使用技术工具，课程不可能上得好的境界。在这些情况下，要使用技术从根本上改造课程或重新定义课程。通过分析教学技术的运用，鲁本坚持认为，随着课程在这个频谱中渐渐地改变，例如从增强到改造，学习的机会也变得越来越大。

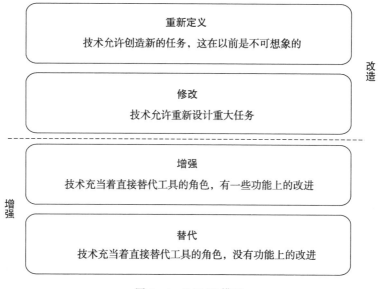

图 1-1　SAMR 模型

在实施信息技术教学应用时，学校面临的一个重要挑战就是有效使用技术设备的能力。学校可以借助 SAMR 模型来帮助厘清技术对于教学的作用。学校要求教师根据 SAMR 模型来分析教学过程中的技术整合情况，并利用 SAMR 模型来评估教师是否利用技术重新定义了学习。例如，美国南卡罗来纳州里奇兰郡第二学区是一个既实施 1 对 1 项目（1-to-1 programs，学校所在的区为每一位学生提供设备）又实施自带设备学习项目的学区。该学区使用 SAMR 模型指导信息技术教学，经过专业训练的教师可以在 SAMR 模型的高层次上（重新定义）开展教学。例如，学生可以利用 FaceTime 进行科学项目数据的分析与交流。

使用 SAMR 理论模型作为指南，成功地将设备工具与教学融合，并不意味着对现有的课程进行花样翻新，而是意味着在学生参与方式和课程内容设计等方面有所创新。因此，教育信息化并不代表让学生在他们的设备上完成和传统学习一样的课程任务，而是意味着通过利用设备工具的许多功能来设计和创新课程。表 1-1 是基于 SAMR 模型列举出的具体的学生的学习行为。正如 SAMR 模式定义的那样，用设备工具来增强和改造的课程，并不意味着教师需要摒弃已经得到的证明有效的教学方式。相反，传统教学法与用技术进行的创造式的教学设计以及教学内容，都是可以并行的。设备工具创造了改良传统教学方法的新机会，教师要充分利用这些机会。

表 1-1 基于 SAMR 模型的学生学习行为举例[①]

环境	任务	替代	增强	修改	重新定义
传统的、直接的教学	记笔记	学生们在设备上记笔记	学生们使用笔记类 App 支持记笔记行为	学生们使用云存储来记笔记，以便可以在任何地方回顾笔记	学生们使用 App（如 Showbie）制作并分享思维导图，以展示他们对学习内容的了解

---

① Scott McQuiggan, Lucy Kosturko, Jamie McQuiggan，等. 移动学习：引爆互联网学习的革命[M]. 王权，肖静，王正林，译. 北京：电子工业出版社，2016：56.

续　表

环境	任务	替代	增强	修改	重新定义
	讲课	用设备来播放幻灯片	学生们通过在设备上拉取幻灯片来播放	教师使用实时互动类 App（如 Poll Everywhere)了解学生的理解情况，并且相应地优化幻灯片的演示	学生使用社交类 App（如微博、微信），在演示期间实时互动交流
翻转课堂	远程讲课	学生们坐在家里在设备上观看教学视频	学生们观看教学视频并且在 App 上记笔记	学生们在观看视频记笔记的同时，与同伴和教师交流	学生们开展合作，以便相互帮助制作他们自己的视频
基于问题的学习	解决问题	学生使用电子书进行研究	学生使用互联网进行研究	学生在课堂内外收集真实的数据，并且与同伴分享自己的成果	学生使用设备制作多媒体演示
虚拟学校和家庭学校	学生演示	学生在设备上制作最终项目的演示	学生利用视频会议向其他学生介绍他们的最终项目演示	学生开展合作来制作演示	学生制作自己的多媒体网站，提供整个项目的概况

资源链接：行走在数字化教学路上的 20 年，都发生了什么 | 李宇韬。

二、盲目使用工具的典型案例及分析

新型信息技术对成人和孩子都具有非常大的诱惑。所以，在教育信息化过程中，一定要确保无论是教师的注意力还是学生的注意力都要聚焦在教学上。然而，如果没有详细的规划或不清楚需要解决的问题是什么，教师和学生就可能盲目地使用工具，那么就是在浪费时间和金钱。下面，我们列举几个盲目使用工具的情境和其隐含的问题①，供大家实施教育信息化时借鉴，防止出现失误。

1. 校长缺乏战略性、目标性

情境：某学校校长想要在学校实行教育信息化以提升学生的学业成绩，于是组织了学校的信息技术应用学习实验班，让实验班的学生将平板电脑带入课堂，希望学生可以利用移动设备更好地开展研究性学习，并且在学习过程中方便地获取学习资源，同时可以将作业在线提交给教师批改。

问题1：这名校长在引入设备前缺乏合理的统筹规划，对于技术工具的使用缺乏战略性和目标性。实际上，学校如果只关注技术的使用而实行教学新模式，不可能提高学生的学业成绩。

问题2：在使用技术进行学习的初期，学生可能会被这种新型教学模式所吸引，提高了课堂参与度，但由于缺乏合理的规划使用或教师没有进行教学设计的创新，那么随着时间的推移，新技术迷人的光环就会逐渐消失。学校会发现无论是多么先进的技术，用过之后似乎也没什么，有时技术反而在一定程度上束缚了教学，降低了教学效率。那么，此时学校的信息技术教学应用模式便会陷入一种困境，甚至最终可能被放弃。

2. 教师缺乏清晰的工具使用计划

情境：某学校为高年级的学生配备平板电脑，教师将搜集的大量学习资

---

① 莉兹·阿尼. 混合式教学：技术工具辅助教学实操手册 [M]. 北京：中国青年出版社，2017：287.

源共享到设备中，用来补充课堂所学的内容。

问题：教师在使用技术时缺乏创新性的教学设计，只是将工具简单地作为课堂教学的补充，为了使用工具而使用工具。同时，在这个过程中教师也可能分心，将更多的精力放在技术使用上，而无法关注他们的核心目标——教学上，反而得不偿失。

3. 过度依赖技术工具吸引学生

情境：在某个开展教育信息化的学校，数学老师发现，当学生使用基于数学内容的电子游戏学习时便会爱上数学，对所学内容表现出极大兴趣，因此这位教师建议校长为全体学生购买此数学游戏，作为课堂教学的补充。

问题1：在上述情境中，这位数学教师将学生"热爱数学"与数学游戏完全等同起来，为了吸引学生，放弃了教师对班级的监控作用，不是通过改进自己的教学方法来激发学生对数学的兴趣和培养学生对数学的热爱。

问题2：使用技术工具来玩游戏，把学校大部分的软件预算花费在数学游戏软件上，这是极不合理的，无法提高学生的学业成绩。

尽管上述情境是虚拟的，但未尝不会在现实中上演。通过上述情境的模拟和问题的分析，我们可以得到以下启示：

（1）技术只是教学的一种手段而不是目的，过多使用技术不仅会浪费教学时间，分散学生的注意力，而且会影响学生的学业成绩。

（2）不要想当然地认为，只要将技术设备搬到课堂，教师就会弄清楚它是如何使用的。学校应该鼓励教师积极参与到教育信息化实施中来。

（3）教师应专注于如何使教学更有吸引力，而不是依靠技术工具吸引学生。

（4）对将要应用于课堂教学的设备工具进行严格筛选、审查，挑选合适的设备工具用于教学。

第四节　教师如何提升信息技术应用能力

虽然目前中小学信息技术教学应用取得了一定的效果，教师也能够在日常生活中应用一些信息技术工具，但是对于新技术的使用和学习仍然不够。同时，教师不恰当地使用信息技术，在某种程度上会对信息技术应用效果造成危害。教师不仅仅需要更新和发展信息技术能力，还要提高恰当应用信息技术的能力。那么，教师应该如何提升自身的信息技术应用能力呢？下面，我们就教师提升信息技术应用能力的具体路径进行阐释。

一、"打开"：教师要积极适应、面对技术

时代在发展，学生在进步，教师面对的时代挑战要求他们不得不做出改变，他们必须适应信息时代对教师的要求。面对"数字原住民"学生的发展要求，教师要从被动的信息技术使用者变成信息技术应用的创造者，从不愿意改变到积极改变，从不合适到系统改变。面对信息化浪潮，教育管理者试图让教师和学生在教与学中广泛而常态地使用信息技术。但现实是，教师应用信息技术状况并不理想。教师在面对新技术进入教学时，并不像教育管理者所预想的那样喜出望外，而是普遍带有一种抵触情绪。这时，我们不能简单地把原因归于教师"不行"，而要从教师应用信息技术的动机、方式、评估等方面综合考虑。

在教师应用信息技术时，动机起重要的作用。勒温在他的团体动力学中，论述了变革习惯与传统思想的三部曲，即"解冻""同化""重冻"。浙江师范大学孙祯祥教授等认为："解冻"是在学校信息化变革中，教师从最初对教育信息化的不了解和抵触到初步接受信息化理念并开始行动的改变；而随着教育信息化的持续推进，在不断的教学实践中，教师对教育信息化的思想意识

逐渐被"同化";再随着教育信息化的深入发展,教师在实践过程中不断研究、反思和重建,进而使信息化的教学观念不断增强,并内化为教师自觉的教育行为,这个过程称为"重冻"。

在"解冻""同化""重冻"这三个环节中,"解冻"至关重要,也就是让教师愿意"打开"自我,接受新的技术与理念。让教师"打开"自我的方式主要有三种:第一种方式是很多教育管理者常用的方式,那就是强迫"打开",即通过行政命令的方式让教师必须应用信息技术,否则将面临考核评估。虽然强迫"打开"方式有一定的效力,但也有很多后遗症。许多教师在行政命令撤去后会马上恢复原来状态,即使教师再使用也不会主动思考、积极反思。第二种方式是典型示范感知应用。笔者曾经数次聆听黎加厚教授的培训讲座,黎教授的报告通过使用技术来讲授技术,听者无不有积极尝试的愿望。第三种方式是通过学生的学习方式变革来引导教师教学的改变,促使他们自我"打开"。上海市嘉定实验小学原校长花洁,就是通过自带设备(BYOD)、数据驱动等方式造就了学生学习方式的变革,自然也就引发了教师不得不"打开"。当然,还有很多其他方式可以驱使教师"打开"。在信息技术常态化应用中,我们可以采用综合方式,不再被动使用,而是主动"打开",拥抱变化,这样信息技术应用的价值才能真正体现,从而改变我国教育的未来。

二、"对标":教师信息技术应用能力标准

教师信息技术应用能力越来越重要,各国都高度重视其培养工作。而发展教师信息技术应用能力,第一要做的就是提供一个可供教师参考和对标的标准。国际上的教师信息技术应用能力标准很多,我们选择了美国最新的ISTE教育者标准和我国中小学教师信息技术应用能力标准供大家参考。

1. ISTE 教育者标准

2017版美国国际教育技术协会(ISTE)教育者标准主要赋予了教育者七种角色,并对角色进行了详细的说明,共包含24项具体指标,主要内容如表

1-2所示。

表1-2　2017版美国国际教育技术协会（ISTE）教育者标准

维度	具体内容
学习者	教育者通过向他人学习和与他人一起学习来提高自身实践能力，探索利用技术促进学生学习的实践。教育者能够：①制订专业的学习目标，探索和应用技术支持的教学方法，并反思其有效性；②通过创建和积极参与本地或全球学习网络来追求专业兴趣；③随时关注、支持并改进学生学习的研究成果，包括学习科学成果
领导者	教育者寻求领导机会，赋予学生权利并促使学生获得成功，同时促进教学和学习。教育者能够：①通过与教育利益相关者保持接触，为技术支持的赋能学习塑造、推进并加快共享的愿景；②提倡公平获得教育技术、数字内容和学习机会，以满足所有学生的不同需要；③给同事提供辨别、探索、评估、处理和采用新型数字学习资源和工具的范本
公民	教育者激励学生积极贡献并负责任地投身数字化世界。教育者能够：①使学生拥有积极的、富有社会责任感的贡献经历，帮助学生产生在线移情行为，这种行为能够帮助学生和社区构建良好关系；②建立一种学习文化，激发学生对网络资源的好奇心，提高其批判性检查能力，并培养学生的数字化素养；③指导学生安全、合法、合乎伦理地使用数字工具，并保护知识产权；④提供范本并促进个人数据和数字身份的管理，保护学生数据隐私
合作者	教育工作者投入大量时间与同事及学生进行合作，提高他们的实践能力，同时发现、共享资源及想法，并解决问题。教育者能够：①规划一定的时间与同事合作，创造利用技术的真实学习经验；②与学生合作，共同学习、发现、使用新的数字资源，并诊断和解决技术问题；③在本地或全球学习网络与专家、团队和学生进行实际接触，并使用协作性工具来拓展学生可靠的、真实的学习体验；④在与学生、家长和同事交流时展示文化能力，与学生互动，成为学生学习上的合作者

维度	具体内容
设计者	教育者设计真实的由学习者驱动的活动和环境来识别和适应学习者的多样性。教育者能够：①用技术创造合适的和个性化的学习环境，使之能够提高学生独立学习的能力，并且满足学生之间的差异和需求；②设计与内容区域标准一致的真实的学习活动，最大限度地使用数字工具和资源让学生进行积极、深度的学习；③探索和应用教学设计原则，创造出符合创新原则的数字学习环境，使之参与和支持学习
促进者	教育者使用技术来促进学生的学习，并支持学生实现 2016 年 ISTE 学生标准。教育者能够：①培养一种文化，在这种文化中，学生在独立和团队环境中都有自主掌控学习目标和结果的权利；②在数字平台、虚拟环境和动手实践创客空间中，管理技术使用和学生学习策略；③创造学习机会，这种机会能够引导学生使用设计过程和计算思维去创新和解决问题；④提供范例，培养创造力及创造性表达方式来交流思想、知识或联系
分析者	教育者要理解并使用数据来驱动自身的教学，并支持学生实现他们的学习目标。教育者能够：①为学生提供可选择的学习方式，使用技术来展示能力和反思学习；②利用技术去设计并进行形成性评价和总结性评价来满足学生的需求，同时及时反馈给学生并进行指导；③使用评估数据帮助学生、家长和教育利益相关者之间的沟通，促使学生能够进行自我指导

2. 教师信息技术应用能力

2014 年，国家针对中小学教师的信息技术应用能力方面，制定了《中小学教师信息技术应用能力标准（试行）》（表 1 - 3）。该标准结合实际信息技术应用情况，从学生、教师角度分析了信息技术应用现状，比较了其中的不同之处，从两个方面（即要求与发展）进行了关于信息技术应用的说明。对于基本要求来说，教师层面主要针对教师能够使用信息技术完成相关教学工作进行说明，这是直接反映教师教学能力的参考，学生层面则要求学生能在使用网络的条件下完成相应的学习任务。而在发展方面，则主要指教师是否能通过创新方式提出教学新思路，针对具体教学情况进行优化转变，在充分利用丰富的网络资源的前提下完成相关工作。此标准主要根据教师实际的教学工作情况，结合信息技术应用场景，对教师信息技术应用能力进行了具体划分，将其分为五个方面：技术素养、计划与准备能力、组织与管理能力、评估与诊断能力、学习与发展能力。以上五个方面，技术素养是一个基础条件，学习与发展能力是一个再创造、总结的方式方法，而其他三个方面则主要是结合实际教学的成果准备。

表1-3　《中小学教师信息技术应用能力标准（试行）》框架

	Ⅰ. 应用技术优化课堂教学	Ⅱ. 应用技术转变学习方式
技术素养	C1-C5	C1-C5
计划与准备能力	C6-C11	C6-C11
组织与管理能力	C12-C16	C12-C16
评估与诊断能力	C17-C20	C17-C20
学习与发展能力	C21-C25	

三、TPACK：教师信息技术应用能力发展框架

TPACK 是由技术与学科知识、教学法知识相互作用综合而成的，对学科教师利用技术有效教学具有核心的支配作用。技术教学内容知识（Technological Pedagogical and Content Knowledge，TPACK）以舒尔曼的教学内容知识（Pedagogical Content Knowledge，PCK）为基础，在强调教师知识的复杂性、多面性和情境性的同时，试图描绘出为了将技术整合到自己的教学之中，教师具备的基本素质。在 TPACK 框架的中心，是技术知识（Technological Knowledge，TK）、教学知识（Pedagogical Knowledge，PK）和内容（学科）知识（Content Knowledge，CK）三种主要知识形式的复杂交叠。

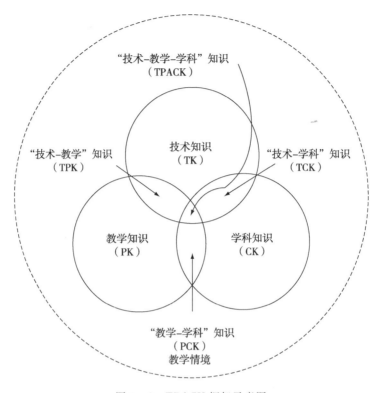

图 1 - 2　TPACK 框架示意图

TPACK 启示我们，传统的知识体系已无法满足当今时代对教师的要求，技术知识已经成了一个核心的要素，必须融入教师知识体系之中。技术知识不单单是一种孤立的知识，它已经与学科知识和教学知识等融为一体。要想成为一名合格的现代教师，必须知道在具体情境中如何利用技术进行教学，这是一种高度综合的复杂知识。

1. 深入学科研究教师信息技术应用能力要求

与以往的普遍性方法不同，信息技术与课程深度融合越来越强调教师信息技术应用能力研究必须深入学科。一般性的信息技术应用教师很容易就掌握了，关键是要针对具体学科特征研究信息技术应用。各个学科课程有自己独特的课程思想、课程内容和教学方法。深入学科研究信息技术应用将会使得教师信息技术应用能力要求更具有可操作性。张景中院士就明确地提出："教育技术研究要深入学科。"他认为："现代教育理论主张将信息技术与课程整合，根据课程的特点、内容要求和学生特点进行研究，向深入学科迈出可喜的步伐。当教育技术研究的各个方面都深入学科时，从实实在在的工作做起，那么就有很多东西可以研究。有了扎实的工作基础，自然就能总结出经验和教训，提炼出新理论，再指导实践发展。如此循环，教育技术学科就会像滚雪球一样，越来越壮大。"[1] 不与学科结合的信息技术应用能力要求只是空中楼阁，无法真正在教学实践中取得效果。

2．教师信息技术应用能力提升的系统工程

教师信息技术应用能力提升不仅仅是简单的行为，而应该是一个系统工程。教师信息技术应用能力提升首先要做好研究，研究先行才能够引领后续工程真正朝着正确方向发展。同时，要做好顶层设计，教师信息技术应用能力标准、评测标准等都要走在实践的前列。另外，该工程应能够激发教师提升信息技术应用能力的学习动机，这是至关重要的，应做到既能通过考评方式促进教师学习，又能通过对应用状况的推进逼迫教师不得不学。作为一个系统工程，如果仅仅关注某些环节而忽略其他环节，那么即使教师学会了也用不上，也不能够取得效果。如今国家启动了"全国中小学教师信息技术应用能力提升工程"，就是要解决项目分散、标准不全、模式单一、学用脱节等突出问题。

四、"行动"：教师信息技术应用能力发展

接纳和学习虽然都很重要，但只学习而不实践是没有任何意义的。信息技术只是一个工具，要应用其将知识转化为学生的经验，实践必不可少。面对信息时代，教师除了满怀希望外，还需要踏踏实实地去"行动"，只有在实践中才能够体会到信息技术带来的优势和可能存在的弊端。因此，教师要跳

---

① 张景中，葛强，彭翕成. 教育技术研究要深入学科 [J]. 电化教育研究，2010（2）：8-13.

出只论不动的圈子，要大胆地去尝试和实践。

　　教师在采取行动使用信息技术时不妨定几个小目标，让自己在可实现的期待中努力向前，最终获得满足。每个人都想成就不凡的自己，最有效而可靠的方式就是踏实迈出每一个小的步伐，而不是妄图马上实现大的飞跃。作为教师，我们不妨在每个学期给自己定几个可以实现的、具体的小目标。第一，学习并实践一种新技术。教师始终面对着的是不断更新的技术。面对眼花缭乱的新技术，陷入迷茫中的你不如行动起来去学习和实践一种技术，可以是最新的视频编辑技术，也可以是某种硬件设备的操作，那种学会后的获得感会让你感觉回到了美好的学生时代。第二，改变并尝试一种新的教学方法。曾经的教学方法已经很习惯了，讲起来非常顺手，但也缺乏一些教学时的兴奋感。教师不妨尝试一种新的教学方法，项目式学习也好，翻转式教学也罢，在准备、实践和反思的过程中，你会发现不一样的教学、不一样的你和不一样的学生。迎接新技术，将不再是一种苦差事，而是在接纳、理解、实践和反思中不断创造一项新的事业，并在集体的创造中体会到成就感。面对未来，教师要脚踏实地把未来梦想转化成可实现的小目标，成就绚丽多彩的人生。

　　在信息技术日益普及的时代，信息技术自然而然地融入教学中的每一个部分，从而使得我们似乎感觉不到有新技术在应用了。例如，每天收发电子邮件、使用博客、使用演示文稿，已经成为教师生活和课堂教学的常态。细雨润物无声，虽然看不到特别的应用，但是信息技术却已经在改变着我们的日常生活、工作和学习，改变着学校的课程与教学。日本学者佐藤学在《静悄悄的革命》一书中说："'静悄悄的革命'，即是通过和事物对话、和他人对话、和自身对话的活动过程，创造一种活动性的、合作性的、反思性的学习。这场革命要求根本性的、结构性的变化。仅此而言，它就绝非一场一蹴而就的革命。因为教育实践是一种文化，而文化变革越是缓慢，越能得到确实的成果。"虽然佐藤学所说的是课程改革，但是对于教师应用信息技术也是一样的，奢望通过一场轰轰烈烈的革命来改变现状，往往会取得相反的效果，静悄悄的改变却实在地发生着。

第二章

教师怎样用信息技术备好课

信息技术迅猛发展，对教育的影响也日益扩大，丰富的信息化资源为教师开展备课带来了极大的便利，如何利用信息技术上好课、备好课也是当前教育研究的重要课题。

第一节　备教材——利用信息技术支持学习内容分析

事实上，备教材一直是备课的一个重要环节。有效的课堂始于学习内容分析。学习内容分析就是对学生所要系统掌握的知识、技能和行为经验及其总和的梳理，可确定学习内容的范围和深度，揭示学习内容各组成部分的内在联系，解决学生学什么、怎么学和教师教什么、怎么教的问题[①]，从而实现教学的最优化。经过学习内容分析，教师对于课堂中先学什么、后学什么以及选择何种教学策略就会心中有数。

教学内容的编排是否有序、合理，教学目标的呈现是否明确、清晰，知识内容的内在联系是否符合逻辑，这些因素都会影响学习者的学习质量。学习内容分析是教学设计的基础，有利于师生对知识脉络的把握。对学习内容的分析和目标设计，可以直接回答教师对于课堂中应该教什么和学生应该学什么的问题。很多教师在进行课堂教学操作实践时，经常自然而然地就进入"怎么教"的环节，但是不明确学生该学什么和学到什么程度，因此具体怎么教就缺乏依据和标准。可见，学习内容分析是设计课堂教学的起点。

一、学习内容分析的原则

学习内容分析是为了使学生进一步形成一个各种因素有机关联的、整体的学科知识体系，因此在对学科内容进行分析的时候要重视知识体系的完整性。

1. 从中观层面开展的单元内容分析

在日常教学中，教师往往是按照单元来教学的。基于一节课进行分析，

---

① 　郭鹏飞.理解性教学视域下的小学数学翻转课堂实验研究 [D]. 无锡：江南大学，2016：24-25.

往往难以拓展学习内容的类型及范围。而单元是课程内容的划分单位，一个单元的内容往往相对于其他单元具有一定的独立性，而相对于课时又具有一定的完整性。故从中观层面的单元出发，更有利于教师分析单元内各节内容之间的联系，分析学习内容的内在结构，从而更直接地指向学科本质。比如：语文教材中，同一单元的课文往往体裁相同；数学教材中，同一单元的往往是某一类型的数学问题。由此可见，教材中单元的划分，往往是教材编写者根据自己对某一学科结构的理解而对教学结构进行的分解与逻辑安排。因此，在开展学习内容分析时，教师应尽可能分析课程内容，搜索课程目标相关资料。

2. 以学科本质问题为突破点

"教什么""怎么教""为什么教"这三个问题是教学设计永恒的话题。有人说"为什么教"比"教什么"重要，而"教什么"的重要性又远远高于"怎么教"。这种说法其实是没有科学依据的。实际上，这三者之间并不存在谁比谁更重要的问题，在教学设计中，忽略其中的任何一个，都有可能使得教学活动效果大打折扣。在教学中，一些教师往往依据自己的教学经验来判断学生的认知困难，并基于此开展教学设计，这其实是不科学的。而从学习内容分析角度入手，教师可以拓宽教学设计的思路，以学科本质问题为突破点，按照从单元整体到知识细节的框架规划教学设计，提高备课质量。

3. 目标设计关注学生的认知过程

根据布鲁姆认知目标分类，一般教学是按照记忆、理解、应用、分析、评价和创造的顺序开展的。从认知过程看，在传统的课堂上，受到课堂教学的诸多限制，第一阶段的记忆、理解过程发生在课堂上，而第二阶段的应用、分析和评价过程往往发生在课堂外，教师不能在一节课上涉及所有的认知过程。一堂课的容量总是有限的，并且教师在进行教学设计时需要兼顾各个方面的教育因素，这样一堂课就显得不够了。而中观层面的单元教学设计则可以让学生经历一个完整的过程，或者探究的过程，通过这种方法把知识概念建立起来。

单元教学设计是中观层面的教学设计，它更关注学生学习的结果与学习的过程，教师在设计时要体现出或评价出学生在探究过程中的态度、能力等因素。学习的过程不仅仅是达到知识建构的目标，过程本身也必须考虑在单元教学设计内，是单元设计的目标之一。比如某个知识点需要学生开展课上研讨活动，学生之间进行交流讨论是其中的一个学习过程，这个过程如果不是单元设计的一个目标，那么教师很容易强调知识的获取，可能就会忽略学生讨论这一过程而直接将记忆作为目标，使得学生缺失了交流讨论这一过程的体验。

二、学习内容分析的一般步骤

教师到底该如何进行学习内容分析呢？我们认为，教师可以遵循如下分析策略：

1. 分析学习内容与其他内容的联系

"教材无非是个例子"，教师的任务就是通读教材（最好可以通读本学科的全套教材），深入挖掘并研究其价值。通过全面领悟，教师要对该学科的教学内容简单进行结构层次划分，并基于此分析所要教授的单元内容在该学科中的地位，即分析某单元的内容是不是学生之前所学内容的拓展，又是不是学生未来学习内容的基础，包括本单元在整个学科中的地位、本单元在学生所处学段的地位以及本单元内容在该大类知识点中的地位。

2. 确定学习内容的范围和深度

教师要精读课程标准中关于学习内容的要求，细读本册教材和教学参考书，分析这一单元的内容要求学生掌握的范围和深度。换言之，教师要基于对全套教材的把握，确定所要学习的单元内容与其他内容之间的联系，确定学生需要深度理解的学习内容。

3. 确定学习内容的目标类型和层次

学习内容包含不同类型的目标，教师需要对单元学习内容进行梳理，从整体到局部分析本单元中的哪些内容需要学生在规定时间内学习，哪些内容可以让学生在学习其他知识时附带完成。通过内容梳理，教师可以知道单元内需要学生完成的诸多目标，而通过对单元内知识进行主次划分，教师可以明确这些目标之间的脉络关系，从而基于学习范围和深度确定本单元的教学目标，并分析哪些目标是本单元的教学重点。

4. 对学习内容的顺序进行编排

明确目标后，教师需要对学习内容按照一定的顺序进行安排，使得学习内容之间有一定的系统性。单元内学习内容之间的联系一般可以分为三种：第一种是单元内各学习内容之间是相互独立的，教师可以根据难易程度或者实际教学需要调换课时顺序；第二种是单元内各课时知识内容是有一定逻辑关系的，前一知识点的学习是学习后一知识点的基础，教师必须根据严格的顺序安排教学内容；第三种是单元内各课时知识之间的联系没有严格的顺序，但某些知识点必须在其他知识点之间教学，比如某单元可分为五个课时，其中第二和第三课时的课时顺序是固定的，不能更改，但教师可以根据需要调整一、四、五课时之间的顺序。因此，教师必须明确单元内学习内容与学习目标之间的联系。

5. 对学习内容进行初步评价

明确教学目标后，教师需要对单元内的学习内容进行评估，以保证实际教学的内容是符合教学需要的。如：评价学习内容是不是实现教学目标所必需的，各单元的排列顺序是否符合教学实际，是否符合学生的心理发展，等等。①

在上述五个步骤中，为防止教师对教学内容产生认知偏差，或为确定以后学习的重点和难点，教师应尽可能多地利用互联网资源收集与课程目标有关的资料。网络检索是我们进行信息检索的主要方式，而在网络中又存在许多检索工具，例如众多搜索引擎、微信搜索、免费开放的数据库、教学资源库等。我们可以依据所要检索的信息内容和种类，大致了解每种检索工具的适用情境，选择合适的检索工具。

---

① 刘向永. 翻转课堂实操指南 [M]. 长春：东北师范大学出版社，2016：29-31.

三、信息技术支持的学习内容分析方法

信息技术的迅猛发展给教材的呈现方式带来了改变，也给教学内容、教学方式带来了创新。进行学习内容分析时，教师必须依托教材，但不能仅仅"用教材教"，必须跳出教材，深入挖掘本学科、本单元的本质特征，在理解教材编写者意图的基础上，自主构建单元内知识体系。

1. 利用互联网资源"吃透教材"

教师要想吃透教材，仅仅依靠课本和教辅资料是远远不足的。备教材需要教师认真钻研课程标准与教学大纲，同时，需要教师熟悉教材，深入挖掘教材内的隐含知识点，挖掘知识点之间的逻辑关系。互联网上有着丰富的优秀教案、教师指导用书、专家指导意见等，为教师备教材提供了更多的参考与选择。教师不必每天从头开始制订新的教学计划，而可以重新利用并重用其他教育者的出色创意。如：教师可以借助互联网的各类数据库，对其教学所需资源等进行检索；教师可以根据自己的实际教学需求，对若干资源进行有机组合；教师可以利用互联网平台与同行进行交流，如在教研博客畅所欲言，展示自己的教学成果与教学思考，或观摩其他教师的先进教育理念与教学经验，共同提高教育教学水平。

教师除了可以运用本校资源库中的资料及自己原有的资料外，还可以从网络中搜索获取新的资源。同时，在浏览资源的过程中，教师也可以从这些资源中学习到新的教育理念与教学设计等，从而对已有理解进行优化。目前市面上有大量的教学资源平台。教学资源平台将优质教育资源集中上网，方便了所有师生和社会公众选择并获取优质资源和服务。[①] 平台资料丰富，包括试卷、课件、教案、微课等多种资源，涵盖高中、初中、小学各学科（不包含音乐、美术等实践类科目）多个教材版本。资源主要为视频、音频、图片和文本，也有解题方案等，解决了教师在需要相关资源时在网络的上亿搜索

---

① 何克抗. 关于中国特色教育技术的自主创新 [J]. 现代远距离教育，2011 (1)：12-20.

结果中大海捞针的情况。

现有的教学资源平台大致有两种，一种是综合所有教学知识类型资源的平台，另一种则是专门目的资源平台，如专业课件平台、某学科专用资源平台等。专门的资源类平台有微课网（www.vko.cn）、英语教师网（www.ewteacher.com）等，教师可以根据自己的需要前往了解，这里我们主要分享三个综合知识类资源平台。

（1）百度文库

百度文库是一款允许百度用户上传、分享文档的平台，百度不会对用户上传的内容进行编辑或修改。百度文库专注于教育、PPT、专业文献、应用文书四大领域。在百度文库中，教师可以搜索到教学资料、课程标准、教学大纲、备教材方法等资料，用户可根据需求进行搜索，在线阅读或下载相关资料。

资料链接：百度文库官方网站 https://wenku.baidu.com/

（2）学科网

学科网平台内资源覆盖小初高阶段全年级、全学科、全教材版本，资源种类包含视频、试卷、素材、课件、教学案等，以满足不同地区、不同用户的各类教学需求。目前，数百所学校与学科网进行了签约合作，包括全国众多百强学校、省重点学校等。

资料链接：学科网主页 http://www.zxxk.com/

（3）知网数据库

知网数据库中有许多面向中小学教师的刊物，其主要内容是教师在教学实践过程中的获得，具有一定的独创性，具体表现为优秀教师教学经验总结、解题研究、习题研究、教学反思等，如图2-1所示。这些研究成果来源于教学一线，也能直接借鉴应用到一线教学中。教师可以根据研究者的研究结果对自己的教学设计进行调整。

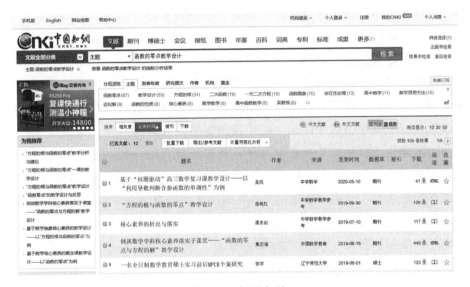

图2-1 知网主页

资料链接：知网主页 https://www.cnki.net/

虽然借助于各类教学资源平台，教师可以搜索到很多自己想要的成品教案资源，但是教师必须明白，这些资源只是开展学习内容分析的辅助材料。这些资源可以使工作锦上添花，但毕竟是其他教师对教材的领悟结果，教师仍需根据自身实际开展适合自己的学习内容分析。教师首先要独立思考，充分建立自己的理解，挖掘自己的潜能，然后再去借鉴成品教案，判断自己的理解是否科学、精当，并进行不断完善。

2. 运用思维工具分析学习内容

根据上述关于学习内容分析的介绍我们可以知道，知识是相互联系的体系。我们以单元为中心开展学习内容分析，就是为了不人为割裂知识之间的联系。而教师对学习内容进行分析梳理，构建知识之间的逻辑体系往往可以借助一些小方法。作为教学系统设计的重要组成部分之一，学习内容分析早已经有了很多卓有成效的方法，其中，一线教师常用的学习内容分析方法如下：

（1）归类分析法

归类分析法，顾名思义，就是对学习内容进行分类。教师首先鉴别出完成教学目标所系的知识点，然后利用思维工具对其进行归纳整理。以苏教版小学数学五年级上册第六单元"统计表和条形统计图（二）"为例，通过分析可以发现这一单元的常规教学内容主要包括复式统计表、复式条形统计图和图表知识综合运用三方面的知识，要求学生在了解复式统计表和复式条形统计图的基础上，运用所学知识分析和解决相关问题，从而掌握收集、整理、描述和分析数据的方法，积累统计活动经验。在确定分类方法后，教师利用思维工具绘制如图2-2所示的知识树形式，将实现教学目标所需学习的知识进行归纳整理，从而确定教学内容。

图2-2　单元知识树

（2）图解分析法

图解分析法就是通过直观形式简明扼要地高度概括学习内容及其之间的逻辑关系的内容分析方法。它常用于对认知教学内容的分析，例如，当学习"统计的生活应用"时，教师可以发布如图 2-3 所示的教学内容图解，使整个教学过程一目了然。对于学习者来说，这种方法也能够使其快速地了解自己即将进行的学习活动。

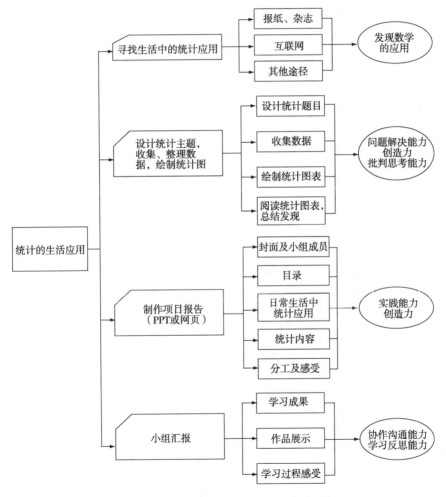

图 2-3 "统计的生活应用"教学内容图解

（3）层级分析法

层级分析法就是从教学目标出发开始逆向分析，分析要完成某一教学目标学生需要具备的从属技能。层级分析的原则比较简单，但要求教师熟悉学科内容，对学生的认知水平和学习能力要有充分的了解。在具体的分析过程中，教师可以借助概念图的形式将知识点可视化显现。概念图可以将所有的基本概念联系起来，从而帮助教学者和学习者进行有意义的学习。

（4）信息加工分析法

通过之前所讲的单元学习内容之间的联系我们可以知道，许多学习内容并不是必须按照特定的逻辑步骤开展的，教师可以选择多种方式。加涅提出的信息加工分析方法就是将教学目标要求的心理操作过程揭示出来的内容分析方法。这种方法借助于思维导图，可以将内隐的心理过程表现出来。

相较于以往的用纸写或者在 Word 中编辑，专业的思维整理工具可以帮助教师清晰呈现教育思路，以思维导图或树状图等结构呈现内容，将思维落地生根。幕布、ProcessOn、MindManager、XMind 等都是很好的用于开展学习内容分析的思维工具。

资料链接：扫描二维码下载或打开相关思维工具

幕布　　　　　ProcessOn　　　MindManager　　　XMind

资料链接：六个步骤教你用 XMind 制作思维导图

https://www.jianshu.com/p/ee81abc924f2

3. 利用共同编辑工具开展网络协作备课

电子化撰写工具是教师强大的助手,如教师通常通过 Word 对教案进行编辑,这相较于以前的纸质文件在书写的便捷性和存储性上已有很大的优势,但内容繁多,使得教师很难在第一时间抓住教案的主体,甚至很难对整个教学过程有一个清晰的了解。同时,为了使文档有较高的可读性,教师需要对文档进行烦琐的格式调整,这在很大程度上加大了教师的工作量。如何方便快捷地对文档进行编辑,又能保证文档美观、可读性强,是需要进一步考虑的问题。

协作备课是教师教育工作中一项重要的教学活动,也是提升教学质量的有效手段。传统的协作备课是在课前备课组成员针对教学课题进行集体讨论,提出教学思路,随后由主负责人或指定一名备课组成员编辑教案并按照预设教案进行教学实践,组内教师听课并在课后进行评课讨论,指明预设教案与实际教学效果之间的差异,从中获得反馈信息进而对教案进行修改、调整,直至达到教学效果最优化。从上述流程可以看出,协作备课是一项费时且需要教师投入大量精力的工作,以至于很难将其做到常态化。而多媒体和互联网突破了时空界限,高新技术不断渗入教育领域,使得教师搜集查询资料、分享经验等更为便捷,极大地方便了教师的备课。同时,集体备课的研讨过程,也使得教师对教学内容与教学目标的把握更为准确。通过信息技术工具的使用,我们可以实现简单的协作备课,也就是其中的一部分环节——协作编辑教案。下面介绍两个常用的工具。

(1)腾讯文档

腾讯文档是一款可多人协作的在线文档。腾讯文档支持 Word 和 Excel 类型,打开网页就能查看和编辑,云端实时保存;可多人实时编辑文档,权限安全可控。

资料链接:扫描二维码下载手机端"腾讯文档"

iOS 版　　　　　　　　　　安卓

（2）金山文档

与腾讯文档功能基本一致，金山文档也是一款可多人实时协作编辑的文档创作工具。相较于腾讯文档只支持 Word 文档与 Excel 表格的协作编辑，金山文档在这两种文档类型的基础上还支持 PPT 演示文稿的协作编辑，文档类型更为全面。

使用 QQ 或微信登录金山文档后，文档可同步手机中通过 QQ 或微信阅读过的文档内容，不用单独上传分享即可查看文档，实现多设备协同共享。同时，金山文档中提供内部搜索功能，通过对文件类型或关键字的搜索，在海量文件中可即刻寻找到所需文件。

资料链接：扫描二维码下载手机端 Android 版"金山文档"

（网页版官方网站：https://docs.wps.cn/）

注：手机端 iOS 版可以直接在 App Store 中搜索"金山文档"进行下载，也可直接在微信小程序中搜索直接使用。

案例分享

教师 A 在学习内容分析时按照教材所给顺序 1、2、3 对知识点进行讲解，教师 B 在阅读完教师 A 编辑的内容分析后有不同的意见，认为 1、3、2 能更有效地帮助学生理解知识内容，教师 B 就可以在腾讯文档中直接添加自己的意见，教师 A 以及备课组内其他教师可在文档中看到教师 B 发表的意见，以此来对教学内容进行讨论、修改和完善，实现简化式的协作备课。

相比于一人备课，小组备课在教学交流上有更多的优势，因为教师可以在备课过程中交流思想，优势互补，甚至可以碰撞出新的教学方法。在这种小组活动计划中，教育活动计划的即时可见性和共同创作性也就显得尤为重要。基于信息技术的撰写工具可以实现多人在线协作，支持实时查看和多人同时编辑文档，为小组协作设计教育活动提供技术支持。

万事开头难，有的人进行课堂实践时总想一下子进入实施阶段，但是如果没有学习内容分析以及目标设计等阶段作为基础，课堂的实施就失去了灵魂。本章所提出的利用思维工具开展的学习内容分析方法，能够为课堂的实施提供依据，教师要在摸索和尝试中不断地完善原有设计。

第二节　备学生——借助技术多维感知学生状况

备学生是备课的核心环节。学生是教师教学的落脚点，是教学设计的最终服务对象。新课程主张"以学生为本"的教育理念，课堂教学活动应以学生需求为起点，课堂教学不再是从前的"以教促学"，而是逐步向"以学促教"转变。教学活动往往是以"一对多"的形式开展的，不同学生知识基础不同，认知方式、接受能力、心理需求等方面也各不相同。教师只有全面了解学生的需求，才能更好地开展适合学生发展的教学设计。

一、备学生应遵循的原则

1. 主体性原则

教学的最终目的是促进学生能力的发展，而发展学生的能力又要求学生主动参与。因此，教师教学最重要的任务是激发学生的学习动机，激起学生参与学习的主动性、积极性。备学生就是要解决学生既有知识技能与目标知识技能之间的矛盾，调节学生与学习内容的关系。说到底，学生的知识习得、能力发展、行为养成都是学生学习的结果。因此，教师在备课时，要尽可能多地为学生提供自主学习的空间，允许学生主动探究、积极分享，让学生在参与的过程中体会学习的乐趣，收获主动参与的成就感。

2．差异性原则

同一片叶子，即使形状相同，但叶脉、颜色等其他方面也会存在着一定的差别。学生也是如此，不同学生有着不同的知识基础、认知能力等，教师必须尊重学生之间的差异，避免教学"整齐划一"，应根据学生的实际情况有的放矢地开展针对性备课。如教师可以利用各种学生的学习数据或学生的其他学习反馈，尽可能多地了解不同学生之间的共性与个性，以便开展"分层教学"，让每一个学生都参与到学习中。同时，教师可以针对学生的个别问题因材施教，帮助学生弥补学习差距。

3．发展性原则

研究表明，中小学生尚处于身心发展不成熟的阶段，一味地注重学生的学习成绩，很容易使学生其他能力被忽视。一些学困生可能学习成绩稍差，学习过程也较吃力，但可能在其他方面有着惊人的天赋，教师应该尝试去发现学生的潜在能力，用发展的眼光看待学生，以客观的视角分析学生，不断地根据学生的特性给予适当的引导与激励，通过个性化教学帮助学生"跳一跳摘果子"。

二、学习者特征分析的一般内容

一切教学活动都是为了学习者的学。教学设计就是在学习者和教学目标之间架设一个桥梁，帮助学习者从已有基础出发，达到最终的教学目标。教学目标的实现是在学习者的学习活动中体现出来的，而学习者作为学习活动的主体，是以自己的方式开展学习的。因此，教学设计必须重视学习者分析。在架设桥梁时，我们需要知道：学习者已有的基础是什么？教师需要了解自己的教育对象到底是谁？他具有什么特征？他怎样学习？怎样认知？他的技术水平如何？在进行教学设计之前，教师一定要花一定的时间去了解学习者。例如，在学习一个新概念之前，要了解学习者原有的经验是什么，前概念是什么，以及在学习过程当中他一般是通过哪一种方式来展开学习的，也就是他的认知习惯和认知方式是什么。

1. 学习者起点能力分析

为了让教学设计更适合学生，教师应该尽可能地了解学习者的特征。但现实条件的限制往往使得教师很难收集到学习者的全部特征，而且，并非所有特征都对教学设计有参考意义。因此，教师需要在学习者特征分析阶段重点了解会对教学设计产生直接影响的因素：一般包括学习者的认知能力、认知结构、特定的知识和能力基础、学习动机、学习态度、学习风格等。

认知能力分析主要是为了了解学生在不同的认知发展阶段所表现出来的感知、记忆、思维、想象等方面的特征。依据皮亚杰的认知发展阶段理论，儿童的认知发展水平可以划分为四个阶段：感知运动阶段（儿童出生约到2岁）、前运演阶段（2—7岁）、具体运演阶段（7—11岁）以及形式运演阶段（11 15岁）。其中后二个阶段与学校教育关系较为密切，教师可以此为依据分析学习者的认识能力水平。

奥苏贝尔的有意义学习理论特别强调学习者已有的认知结构对学习的影响。认知结构就是学习者现有知识的数量、清晰度和组织结构，它是由学习者能回想起来的事实、概念、命题和理论等构成的。学习者原有的认知结构会影响其之后的有意义学习与保持，教师可以利用概念图技术判断学习者的认知结构。

2. 学习动机和学习风格分析

学习者的学习动机、态度、学习风格等虽然不直接参与学习者的认知过程，但也是对认知过程有间接影响的重要心理因素。

为了了解学习者对所学教学内容、教学方法、教学平台等的态度或喜好，教师可通过分析学习者的态度来确定更容易引起学习者学习兴趣的教学传递方式。一般可通过态度问卷量表来判断学习者的态度。

学习动机和学习者的学习是相辅相成的。学习能产生动机，而动机又能加强学习。学习动机的分类方法有很多，如内部动机和外部动机，或者认知内驱力、自我提高内驱力和附属内驱力，等等。教师可以利用 ARCS（Attention，Relevance，Confidence，Satisfaction）模型，从注意力、关联性、自信心和满足感四个方面来指导教学设计，以调动学习者的学习动机。

有关学习风格的理论较多，通俗来讲，学习风格就是学习者一贯的个性化学习方式。影响力比较广泛的有 Witkin 的场依存/场独立理论以及 Felder 的学习风格理论。教师可以借助所罗门学习风格量表来了解学生的学习风格。[①]

三、信息技术支持的学习者特征分析

传统教学中，教师一般是根据自身以往的教学经验以及学生纸质试卷的总结来开展学习者特征分析的。其实教师了解学生的情况的途径很多，如教师可以通过家访、与学生谈话来分散性地了解学生的特性，通过问卷调查、班会等形式来集中了解学生的情况，或从学生的作业中发现问题。但这些方式往往费时费力，很多教师不会在这方面下功夫。借助于信息技术，教师可以更便捷、更准确、更全面地了解学生。

在线工具可让教师轻而易举地进行评分，该工具可以及时大规模地解释测试答案。另外，许多应用程序都会向教师提供状态报告，以便他们可以鸟瞰每个学生的进度。这些报告还指出了需要改进的地方，使教师可以及时发现学生遇到的困难，帮助学生获得所需的帮助和关注。

---

① 何克抗，林君芬，张文兰. 教学系统设计 [M]. 北京：高等教育出版社，2006.

1. 利用智慧教学平台实时了解学生

当前绝大多数教师开展学情分析仍然是从学生整体出发，分析学生年龄阶段的特点以及相应的学习能力，忽视了学生与具体教学内容相关的知识与能力基础。他们的学情分析更多停留在笼统的表面层次，虽然在形式上体现了分析，但很少触及学情，没能具体分析出学生的特定学习起点。

智慧教学平台就是借助云端的计算能力、终端丰富的感知能力而设计的一种智能化的应用软件。智慧教学平台的使用为信息化教学带来了许多相较于传统课堂的优势，平台中的许多功能都为实现更好的教学提供技术支持与服务。相较于传统课堂而言，运用智慧教学平台进行教学较为明显的优势在于教师可通过平台实时对学生学习过程中产生的各类数据进行收集统计，教师可以及时了解学生的学习情况，从而有针对性地改善教学。教师通过教师端平台可以查看学生端平台的投像，或者通过平台进行点名、黑屏等操作，还可以对学生的学习行为进行评价等。教师可以通过平台发布问题请学生解答，学生也可以就学习过程中的疑难问题通过平台向老师或者其他同学求助；课后，学生可以在群组中分享自己的学习心得或者生活趣事。平台支持教师及时对学生的学习效果进行检测，并对检测结果进行收集统计。教师可以通过教学平台发布测试题目（选择、填空、问答等），对测试时间和时长进行控制，及时得到测试结果。

例如全景课堂是以学生的学为主，它颠覆传统课堂"填鸭式"的教授方式，可以灵活地拓展到校外、家庭、社区等各个层面，完全贯穿学生课内与课外各大应用场景，全面覆盖各种教学活动与各类环境。应用平台集成了协同备课、互动教学、游戏学习、即时反馈、资源推送、在线答疑、实时分享、实时诊断、学科课件库等多功能于一体，重构了课堂的教与学结构，突出数字化学习方式的变革和学习手段以及学习途径的多样性。终端学习过程可见即可分享、可见即可生成新数据（新任务、新问题、新作业、新习题等）。全景课堂是利用移动终端开展泛在学习、无边界学习和项目式探究学习的有效载体，支持多设备跨平台的解决方案。

资料链接：全景课堂下载页面 http://www.qjxxpt.com/qjxxpt/Index/fuwuzhichi

数学：指数函数测试题

图 2-4 是一节有关"指数函数"的教师通过"在线课堂"让学生预习并完成的一个基础检测题，以及得到的实时反馈数据分析图表。可以看出：班级的正确率较低，只有 29%（选择 A，B，C，D，E 全部 5 个选项），选中 A，B 选项的人数很多（85%），而选中 C，D，E 选项的人数很少，尤其是 E 选项。分析题目发现：A 选项考查幂函数和指数函数的区分，B 选项考查指数函数的概念中底数的限制条件（大于 0 且不等于 1），C 选项考查指数函数的概念中自变量的限制条件（只能是 x 的形式），D 选项考查指数函数的概念中底数及系数的限制条件（底数大于 0 且不等于 1，系数只能是 1），E 选项考查指数函数的性质（单调性）。通过这些可以说明：大部分学生对于幂函数和指数函数的区别基本掌握（A 选项准确率高），对于指数函数底数的限制条件基本掌握（B 选项准确率高）但不会灵活应用（D 选项准确率低），对于自变量的限制条件掌握不好（C 选项准确率低），对于指数函数的单调性掌握得最差（E 选项准确率最低）。接下来的课堂教学，教师就应该把指数函数的概念及自变量、系数的限制条件作为教学起点，逐步展开到灵活应用和指数函数的单调性分析。

（不定项选择题）下列有关指数函数的描述正确的是（　　）

A. $y = x^3$ 不是指数函数

B. $y = (-2)^x$ 不是指数函数

C. $y = 4^{x-1}$ 不是指数函数

D. 函数 $y = (a^2 - 3a + 3) a^x$ 是指数函数，则 a 的值一定等于 2

E. $y = 5^x$ 在 $\mathbf{R}$ 上是单调递增函数

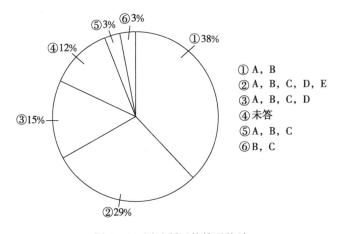

① A，B
② A，B，C，D，E
③ A，B，C，D
④ 未答
⑤ A，B，C
⑥ B，C

图 2 - 4　测试题回答情况统计

借助于智慧教学平台，教师可以实时了解学生的学习情况。如上述案例所示，通过"在线课堂"测验，在学生完成后教师可以实时收到学生的测验反馈及以图表形式呈现的学生的总体情况，从而根据学生的情况对教学进行实时调整。

2. 借助学习管理平台"跟踪"学生

混合学习已经逐渐变成了教学的常态，各级各类学校的教师尝试在整个教学过程中应用学习管理平台。这类平台主要是对教学过程中的一系列环节信息化，如管理学生，上传课程的内容及资源，发布课程作业，跟踪学生的学习进程，记录学生的学习成绩，以及对学生进行评价等。市场上有很多学习管理平台,以蓝墨云班课为例,教师可以利用蓝墨云 App,为学生提供移动设备上的课程订阅、消息推送、作业、课件、视频等资料。同时,教师在移动设备或 PC 上可以轻松管理自己的班课,如管理学生,发送通知,分享资源,布置批改作业,组织讨论答疑,开展教学互动。针对某一具体的班课,教师可以上传各类资源,包括图片资源、文档资源,还可以添加网页链接来使用网络资源,以及从教师的资源库中选取之前使用过的资源。另外,教师还可以通过平台查看班级成员的信息,以及在课堂上对成员进行考勤签到。签到方式有三种,即一键签到、手势签到和手工登记。并且,教师可以添加一系列教学活动、查看消息通知以及修改对该班课的详情介绍等。

资料链接:蓝墨云班课网页版 https://www.mosoteach.cn/

资料链接:蓝墨云班课移动端(手机扫码下载)

3. 利用技术精准确定教学起点

数据是基础,也是核心。只有采集了学生学习过程中常态化的海量数据,教师才能说"了解"每一名学生,才能看到学生发展进步的动态过程,进行客观理性的学情分析和学生学业水平评估。学生的课后作业作答情况、课上教学知识点练习、考试后的试题分析与成绩统计、学生的学习行为等,都是学生学习过程中有参考价值的学习数据,然而教师往往不能很好地收集这些数据,甚至会忽略这些数据。数学统计、数据挖掘等技术手段,可以帮助教师收集常态化的学生学习数据,帮助教师分析挖掘学生的学习情况,寻找学生学习中的共性与个性。如教师可以利用在线教学平台等记录学生的互动情况、习题情况等,生成学生的学习数据。

教师可以利用信息技术记录学生的作业、练习、考试情况,分析学生的解答痕迹与学习效果。这种技术通常有两种数据采集形式:一种是教师先对学生试卷进行纸质批改，然后利用高速扫描仪采集学生作答情况以及教师批改痕迹，并保存至云端开展分析，教师和学生可以在相应的平台上看到学生学习数据的教学诊断，如每个学生的作业完成情况、每个题目的做错学生名单等；另一种方式是教师利用仪器先对学生的纸质化文档进行扫描，然后开展集中网上阅卷，同步实现考试数据的采集分析，其缺点是改变了教师的工作方式，同时学生试卷上也没有留下任何痕迹。例如极课大数据是一款常态化采集纸上作业和考试的数据并利用大数据分析为教师、学生实现减负增效的智能教学系统。与教育领域内其他注重课后教育的公司不同，极课大数据一开始就将核心应用场景锁定在了教师端。在传统的教育行业，教师每天需要投入大量的时间进行作业批改，而以教学能力为核心的教育从业者需要较高的专业性，加之由于教师风格的不同，教学课程很难标准化，教育经验传递效率普遍偏低。因此，极课大数据产品关注的问题在于：如何利用大数据和人工智能提高教师效率。

资料链接：极课教师下载网址 https://teacher.fclassroom.com/login/main.html#/download

安卓版　　　　　　iOS 版　　　　　　PC 版

这类技术平台可以优化教学的目标定位，通过海量的教育资源，辅助教师轻松备好每一课；可以很好地避免作业和试卷点评费时费力、难以抓住重点的情况，通过全方位的数据分析统计，明确高频错题，指导教师进行课堂试卷的评讲；支持纸质批改和在线批改，自动生成教学评估报表和学生个性化的学业档案；常态化追踪学生数据，课上课后实时反馈，辅导学生追溯问题源头。

以讲评课为例，通过数据分析系统或者"网上阅卷系统"对学生作业、考试的数据分析报告，教师对整份试卷或作业、每个题目的得分情况、得分率较低的题目归因、每个学生的解答情况等都做到了心中有数。教师讲评时，可以随时调看某个学生某个题目的解答情况、某个题目的错误分类、某个题目值得推荐的样本等，突出重点，有针对性地开展教学活动，包括后续的跟进练习。

考试题数据分析

图2-5为高三期初质量调研数学学科的数据分析，可以看出题2均分很高，得分率也很高，不需要重点讲评，而题3年级均分很低，得分率也很低，并且班级之间的差异很大，对于大部分班级都需要重点讲评该题和相关知识点。

班级	题1 (5分)		题2 (5分)		题3 (5分)		题4 (5分)		题5 (14分)		题6 (14分)		题7 (14分)	
	均分	得分率	均分	得分率	均分	得分率	均分	得分率	均分	得分率	均分	得分率	均分	得分率
1	4.79	95.83	4.9	97.92	1.98	39.58	4.48	89.58	10.79	77.08	12.1	86.46	8.52	60.86
2	4.9	97.96	4.8	95.92	1.94	38.78	4.49	89.8	11.65	83.24	12.12	86.59	10.18	72.74
3	5	100	4.89	97.87	1.28	25.53	4.68	93.62	11.23	80.24	12	85.71	9.47	67.63
4	4.5	90	4.9	98	2.9	58	4.2	84	10.56	75.43	11.76	84	8.82	63
5	4.41	88.24	4.9	98.04	1.76	35.29	4.51	90.2	10.86	77.59	11.1	79.27	8.22	58.68
6	4.4	88	5	100	4.1	82	4.7	94	12.16	86.86	11.9	85	9.18	65.57
7	4.71	94.23	4.9	98.08	1.44	28.85	4.23	84.62	10.33	73.76	11.92	85.16	7.65	54.67
8	4.06	81.25	4.9	97.92	1.25	25	3.96	79.17	9.75	69.64	11.42	81.55	7.21	51.49
9	4.04	80.85	4.47	89.36	1.81	36.17	4.57	91.49	11.19	79.94	11.55	82.52	6.96	49.7

图2-5 试题得分分析

通过对学情的了解，教师可以确定哪些知识应重点辅导，哪些可以略讲甚至不讲，从而很好地把握教学的起点，有针对性地设计教学过程，突出教学的重点，提高课堂教学的效率。

教师只有在充分了解学生、尊重学生志趣的基础上备课，在遵循学生的认知规律和心理发展规律的基础上设计教案，才能备好课，进而上好课，确保课堂教学的高质量，从而加快课堂教学节奏，实现课堂教学的高容量，达到更好的教学效果。

第三节　备教法——利用技术创新教学方式

确定学习内容和学习者特征后，教师需要考虑如何展现教学内容。教师要引导学生投入学习过程，保证学生充分参与到学习过程中，为学生提供更多的机会。技术不是固化传统教学方式，而是在传统教学方式的基础上进行融合创新且随着其更新有可能对当前的教育系统进行变革。在线学习、虚拟教室，还有各种各样的数字学习工具，它们均在某种程度上提高了教育质量。

一、教学方法的选取原则

没有一种教学方法是万能的，只有选择好合适的教学方法并在恰当的时机加以运用，才能体现出教学方法本身的效力。备教法，就是要求教师根据学习内容、学习者特征、教师自身等因素的不同情况，选择合适的教学方法来使三者融会贯通，保证教师可以熟练使用、学生可以接收吸纳、教材可以有效传递。这里的教学方法可以是一种方法，也可以是多种方法的组合使用。

教师需要选择并开发适合班级规模和与课程目标一致的教学方法。在选择教学方法时，教师需要考虑以下问题：

· 您的教学风格是什么？您将如何应用或调整自己的风格以适应课程目标和学生？

· 哪种教学方法最能满足您的课程目标？

· 在决定是否在教学中使用技术时，请确定技术可以帮助您实现的目标，确定使用技术的目的。

· 考虑学生各种各样的学习偏好，尽可能地使用多种教学方法。

教师需要考虑不同的学习活动，并确定哪种活动最适合哪种类型的学习者。对于所有学生而言，教学目的、教学目标是相同的，但每个学生在他们向目标发展的过程中所需要的帮助是不同的。因此，差异化是一个过程，教师需要根据学生的需要调整教学策略，在教学过程中认识到不同学生的不同需求，并根据教学设计来满足学生的需求，让每个学生可以根据自己的能力学习。

二、信息技术支持下的教学方法创新

信息技术应用于教学中不应该仅仅停留在使用 PPT 教学上，教师可以尝试利用信息技术引导学生解决真实问题，为学生创建学习与交流平台，或者为学生与真实世界建立联系，甚至支持学生的个性化学习等。

1. 运用技术手段优化传统教学方法

教师常用的教学方法有很多，包括讲授法、谈话法、实验法、讨论法、程序教学法、案例教学法等。每一种教学方法都有其独特的作用，它们的使用条件和范围往往也有所不同。例如：最基础的讲授法，它可以帮助教师在有限的时间内向学生传授大量的信息；鼓励学生参与的讨论法，有助于培养学生的主体性和创造性，适用于以培养学生思维为核心目标的教学。

教学策略是指教师为实现教学目标而制订的方案，包括合理组织教学过程，选择具体的教学方法和材料，制订教师与学生所遵守的教学行为程序等。在实际教学中，教师可以根据教学内容与教学目标的特点选择课堂教学方法，运用信息技术展示、演示或操作，或是利用信息技术辅助教学与学习。运用技术手段优化传统教学方法是指教师可以采用原有的教学方法，通过借助一定的技术手段来简化教学的部分过程。如摸底测验课，教师通过信息化资源展开概念教学课，通过信息化工具开展重难点精讲精练课以及专门的练习课等。在实际教学中，教学任务重、课时少是教师经常头疼的问题，教师很难专门为某一教学内容浪费课堂教学时长进行练习。而信息技术平台可以很好地解决这一教学痛点，教师可以让学生课后完成纸质问卷，借助如极课大数据这样的电子阅卷系统对学生试卷进行分析。

教师可以在原有确定的教学方法的基础上，在课堂教学中借助技术加强课堂互动。例如：结构化探究的讲授课，学生通过与教师互动来学习；开放性探究的实验课，教师组织学生开展有目的或者有一定过程的探究体验；自主探究的自学指导课，教师作为领航者，引导学生开展自主学习；合作探究的讨论课，教师引导学生展开互动的探讨，通过观念碰撞校正认知。

物理是一门以实验为基础的自然学科，然而由于实验器材短缺、实验现象不明、现实条件下无法完成或是容易发生危险等，学生可以完成的实验很少。基于此，教师可以建立网络虚拟实验室让学生直接观察各类实验现象并动手做实验，这样学生更容易进行富有个性与创造性的实验，而不再是按照教材或者教师的思路按部就班地完成。如讲解"匀变速直线运动"时，教师应当运用多媒体技术向学生展示匀变速直线运动的有关视频，鼓励学生对匀变速直线运动的特征进行仔细观察，然后讲授时间和速度之间的关系，每个学生必须充分运用互联网资源查阅资料信息，将运用互联网搜集的信息整合成一份报告，然后教师再认真介绍，使学生能够对自己整理的资料进行比较。利用该学习方式有利于加强学生理性思维意识。

2. 运用技术手段创新教学模式

为了更快地适应新形势下教育发展的各项要求，许多学校开始构建信息化课堂，利用多元化的形式促进智慧教室建设，网络和教育创新以及互联网学习平台建立等工作。运用信息技术创新教学，是指在教学中教师利用计算机多媒体技术来实现教师和学生之间的互动、人和机器之间的互动，从而实现传统教学方法和现代信息技术之间的优化整合。现阶段，利用信息技术对教学模式进行创新具体体现在以下几方面：

（1）情景模拟教学

所谓的情景模拟教学是指教师根据实际教学情况，在合理运用多媒体技术及计算机技术的背景下，借助信息技术虚拟再现教学中的有关情境和案例。如在物理课堂教学过程中，可以运用信息技术模拟展示一些实验；在语文课堂教学中，可以借助网络视频在适当的时机导入情境。

（2）翻转课堂

翻转课堂首先是由教师创建教学视频，学生在家或课外观看视频讲解，然后回到课堂中进行师生、生生之间面对面的分享，交流学习成果与心得，进而完成教学目标。翻转课堂以学生为中心，教师是学生学习的指导者与促进者，课堂是以问题探究的形式开展的。它更注重教学的效能而不是教学的效率，学生没有在课堂上学习某个话题，而是使用数字信息和偶尔的微学习技术在家中观看有关特定主题的简短视频，然后在教室中探索和讨论该作业的内容。简而言之，信息是在家里检索而不是在教室里讲授的，所学信息的应用成为第二天在学校的任务。

（3）网络教学模式

网络教学离不开互联网的支撑，它以网络平台为教学环境，教师的"教"与学生的"学"都是基于互联网教学平台。学生可以随时随地利用网络教学平台开展自主学习，同时师生、生生之间也可以基于平台开展有效沟通。借助技术，学生可以随时随地访问在线学习平台，开展线上的学习与交流。

（4）混合式教学

这种学习是课堂学习和在线学习的结合。混合学习有助于享受面对面教育和虚拟学习的好处。对于混合式教学，最简单的理解就是它将信息技术与传统教学模式进行了融合，模糊了教学的时空界限，不要求教师的"教"与学生的"学"一定要发生在同一时间同一地点。混合式教学包括线上教学和线下教学两种途径。线上教学是教学的必备活动，线下教学是基于线上教学的学习成果而开展的更深层的教学。

在目前教育信息化发展的重要阶段，教师必须紧紧围绕信息技术积极创新教学模式及教学方法，不仅要提高自身的信息素养，而且要加强学生的自主学习意识，尽可能将学生培养成全面发展的人才，为促进社会发展和进步做出重要的贡献。

三、教学平台的选择

教学平台是指有助于教师查找、获取和处理信息，以及交流协作、构建知识、评价学习效果的软件系统及其运行的硬件环境。基于教学平台，可以实施多种教学模式，如基于交互式电子白板的教学模式、基于课程网站的教学模式、基于 QQ 群的移动教学模式、基于微课平台的翻转教学模式、面向协同平台的协同学习教学模式和基于一些社会性软件的教学模式等。

为教学提供合适的平台需要不断进行权衡与取舍，如此才能提供"目前最佳的选择"。教师需要知道如何避免可能出现的错误，还要学会采取适当的标准考量功能选择平台。

1. 挑选平台的注意事项

（1）避免"早期使用技术的人"对决策的影响

在选择平台时，有些教师可能在之前使用过某种平台，对平台有了较为深刻的认识，且能将其很好地应用于教学中。这些教师虽然具有丰富的专业知识和实践经验可供参考，但仍需要重视以下问题：

· 推荐的平台是否能满足现在的需求？

· 平台是否便于师生快速学习掌握使用方法？

· 该平台是否有健全的保障体系？

我们整理了教师对于平台的一些需求，包括：①该平台可以延续现有的教学模式，在此基础上进行创新应用；②教师可利用原来的教学经验，进行创新教学；③能够更好地管理和应用教学资源，为教学服务；④教学工具简单易用，能够提高学生学习兴趣，提升课堂能效；⑤平台能进行精准的数据分析，为每个学生查漏补缺，提供个性化学习资源；⑥能够提升教师的工作效率，提高上课的质量，减轻教师的工作量；⑦能够一手抓成绩，一手抓德智体，提高学生的学习效率。教师在选择平台时需要仔细思考自己使用平台的具体目的，因为以前用过的不代表也适合在以后的教学中继续使用，应该重新依据新的教学需求、现实条件等选择合适的平台。

（2）不要轻易相信平台供应商提供的软件数据或研究结果

教师在挑选教学平台时，要注意不要轻易相信平台供应商对其产品的所有介绍，尤其是针对软件数据和使用效果方面。针对这一点，华盛顿卓越公立中学联盟学生发展中心主任蕾切尔·克莱因提醒道："在这一点上，任何人都可以说他们符合'国家标准'，然而，直到他们的软件产品通过了可靠的评估验证，他们才可以想怎么说就怎么说。"因此，在考查某个平台是否适用时，除了平台本身的介绍，更重要的参考标准是通过实际应用得到的数据验证结果。

2．常用平台介绍

关于优化传统教学方法的技术手段教师可以在第三章学习，这里我们主要介绍一些适合教师开展信息化教学的教学平台。当前网络教学平台多为云平台模式，并朝着社会化、大规模化、自组织化的方向发展。网络教学模式需要教师提前制作好相应的教学视频，准备相应的数字课程资源，并发布到相应的网络平台上，从而为学生提供多样化的学习资源和服务。常用的网络教学平台有以下几种：

（1）网易云课堂

网易云课堂主要为学生提供海量、优质的课程，向学生提供"观看视频—课程笔记—答疑解惑—参与讨论—课程测验"的完整闭环体验。它允许学生根据自身的学习程度自主安排学习进度，具备连接学生和教师、支持教学全过程的功能，可以满足互联网用户多层次的学习需求。

资料链接：网易云课堂：https://study.163.com/

（2）UMU 互动教学平台

UMU 互动教学平台允许教师通过创建活动和课程、查看互动结果和学习进度等来增强教师和学生的交互性，还可以将问卷、考试、讨论等互动元素实时投屏至大屏幕，将互联网元素融入移动教学模式中。UMU 利用移动互联网技术突破性地创造了一种全新的教与学模式，用技术的力量推动了教育的升级。UMU 将及时互动引入课堂，通过连接教室内的大、小屏幕，让每个人都有机会深度思考，充分表达，构建一张彼此连接与分享的大网。

资料链接：扫码获取 UMU 教学平台 App

（3）课堂派

课堂派是一款高效在线课堂管理平台，旨在为教师及学生提供便捷的班级管理、作业在线批改、成绩汇总分析、课件分享、在线讨论等服务。该平台具有如下特点：可以 0 秒收集作业且支持 50 多种文档直接在线批阅，方便教师多维度快速了解学生的作业情况、批量查看学生作业；将 PPT 授课与课堂互动完美融合，教师可以随时在 PPT 中插入互动试题，让学生进行弹幕与抢答；能够自动保存教师的批注、评语和评分，并反馈给学生；可以快速生成成绩汇总，按照用户自定义的方式进行加成计算。不仅如此，在平台中，教师可以在批改或成绩查阅时直接与学生私信，强化对个体的关注与交流。

资料链接：课堂派 PC 端 https://www.ketangpai.com/User/login.html

资料链接：课堂派移动端（使用微信扫码）

（4）学乐云教学平台

学乐云教学平台是为中小学打造的专属手机应用，为教师、学生、家长三大群体提供教育信息化服务。学乐云教学平台致力于打造以"学"为中心的智慧教育生态圈，集教、学、考、评、管、学习空间、家校共育为一体，利用大数据，高效管理教务工作，帮助教师提高教学生产力；实时呈现学习轨迹，一键布置智能辅导，实现家校共育，帮助孩子解决学习问题；开展互动式教学，及时反馈评价，真正改变课堂结构，进行个性化教学；改善学生的学习方式，帮助学生高效驾驭知识；智能分析、快速发现教学问题，精准制订教研计划。

资料链接：学乐云教学平台下载

安卓版　　　　　　　　iOS 版

（5）腾讯课堂

腾讯课堂是腾讯推出的一个专业在线教育平台。它突破了地域和时间的限制，为广大学生群体提供了高效便捷的网络学习渠道，推出了很多高质量的线上精品课程；聚合了大量优质教育机构和名师，旨在打造教师在线上课教学、学生即时互动学习的课堂。

资料链接：腾讯课堂：https://ke.qq.com/

手机端下载　　　　　　PC 端下载

教师在平台选择时都想快速知道什么是想要的，什么是不想要的，这就需要一定的时间和精力。教师要先列出那些自己认为是毫无商量余地的条件，再开始挑选平台，这样做将有助于缩小软件选择的范围。教师需要认真考虑技术的限制因素、混合模式。尽管一开始可能会很受限制，但是当教师在众多平台供应商中做出艰难的选择时，这样做可以帮助其保持清醒的头脑和正确判断的能力。各种平台功能良莠不齐，我们没法明确指出哪个平台更好。俗话说"一把钥匙开一把锁"，根据实践经验来看，没有一个平台可以完全适用于所有教师，不同教师对平台的功能需求不尽相同，因此我们的建议是合理地混合搭配使用，以发挥每个平台的最佳功能。

第四节　备资源——依托信息技术制作信息化资源

有效教学的一个关键特征是选择满足学生需求并适合教学环境的教学资源。教育工作者面临着许多压力：要使教学资源能够引起作为数字原住民的学生的兴趣。教学资源是需要纳入教案的重要组成部分。教学资源可以用来激发学生的学习兴趣，增强课程的多样性，描绘学科之间的关系。教学资源是为支持教学有效开展而准备的一系列可用条件，包括教材、案例、视频、课件等教学材料以及教学环境。教学资源的使用是课堂教学不可缺少的部分。借助资源，教师可以将抽象的知识或情境形象化，帮助学生更好地理解知识。在备课环节，教师往往需要考虑在教学过程中需要使用哪些资源，为什么要使用这些资源，什么时候使用什么资源等问题。

一、信息化教学资源的准备原则

为了让教学资源更好地支持教学，选对其使用时机非常重要。如教师在创设情境时，往往要借助一定的教具。对于教师而言，利用信息技术可以把一些抽象的内容形象化，把枯燥的内容趣味化。教师可以将数字资源用于多种目的，并以多种方式使用，包括：作为向学生介绍主题的一种方式，作为教师讲课或演示的一部分，刺激小组或全班讨论，向学生提供不同文本类型的访问权限，使学生参与课堂上不可能进行的活动，以及允许学生按照自己的进度进行评论或扩展活动等。

教师需要明确，教具的服务对象是学生，学生是教学的主体。教师需要克服仅仅将资源辅助于教师教的局限，教具的设计不应只注重于教学过程。

1. 降低学生的认知负荷

信息化资源通过混合呈现给学生的媒体元素，帮助学生发展心理表征，从而支持信息处理。信息化资源结合了文本、图像、视频和音频等多媒体元素来呈现信息。然而，并非所有以多媒体形式呈现的信息都支持学习。为了学习的发生，资源本身需要使用合理的教育原则来设计，并且需要由教师有目的地融入学习经验中。教育理论为资源的有效设计和教师如何更好地与学生一起使用这些资源提供了指导。John Sweller（1988）提出的认知负荷理论（Cognitive load theory）告诉我们，学习资源的设计必须减少工作记忆的负荷才能构建图式。有效设计的数字学习资源：

- 排除与架构构建不直接相关的信息和活动。
- 专注于与图式构建直接相关的信息和活动。
- 明确学习材料的复杂性和学习者的经验。

这些原则可以指导教师评估他们可能希望与学生一起使用的数字学习资源。教师可以评估资源如何直接涵盖所教授的主题、信息传达的清晰程度以及资源中的活动如何直接支持学生学习。

2. 避免"书本搬家"

制作信息化资源并不是对课本内容进行复制，这样的"信息化"是枯燥乏味且没有意义的。教师首先要对教材内容进行加工与简化，利用一定的逻辑关系向学生展现学习内容，让学生一目了然。同时，教师要直观化、多媒体化教材内容，调动学生的积极性。但需要注意，成片的文字是万万不可的，教师需要适当利用图示、色彩、视频、动画等方式，调动学生的学习兴趣。

教师在制作信息化教学资源（如多媒体课件）时往往希望尽量涵盖各个知识面，这样很容易使学生失去学习的兴趣。而且，一旦教师调整教学方法，这个资源可能会直接作废。教师应将各个教学内容微型化，针对每个微型化的知识点制作相应的教学资源，然后根据教学框架对这些资源排列组合。

3. 根据教学设计开发教学资源

这里我们以常见的多媒体课件设计为例。我们在制作课件的时候，应该对应着我们的教学设计。教师要明确教学设计与课件制作的先后关系，是先有教学设计，然后教师再基于教学设计制作课件，而不是利用已有课件来开展教学设计。这样的教学设计没有意义，因为教学完全是围绕着多媒体课件进行的。教师需要注意的是，课件起的仅仅是辅助作用，而不是利用课件控制教学。

教师要避免直接下载或简单修改互联网上的课件资源，然后根据课件进行备课这种"偷懒"行为，这样很可能会导致自己也不清楚要讲解的内容，使得学习效果大打折扣。我们应该以学生的自主学习为目的进行教学设计，信息技术支持的教学手段就是"放开学生的手"，让学生可以利用信息化教学资源开展自主学习。

二、信息化教学资源的开发流程

对于教学者某个特定的教学活动来说，绝大部分教学资源并不是可以直接利用的，可能需要经过简单的二次开发完善后才可利用，甚至并没有满足需求的信息化教学资源。所以，具备教学资源的设计与制作能力是必要的，这样教学者可以基于特定的教学模式开发、制作、整合、扩展相关学习资源以满足不同层次学生的学习需求。信息化教学资源的制作不是素材的简单堆砌，也不是素材的任意编辑，而是在对教学内容及教学对象深入分析的前提下对素材进行的有条理的、有原则的组织和整合。信息化资源虽类型众多，但各有其特点。信息化资源的制作一般遵循以下流程：

1. 总体设计

设计是资源开发的首要环节，也是关键环节，设计的好坏关系着资源的总体质量。一般的设计包括教学设计和媒体表现形式设计两大部分。

（1）教学设计

在制作信息化资源之前，教师必须有一定的准备，进行一定的教学设计，应根据学习者特点和教学目标合理选择教学媒体，设计教学内容的呈现顺序并划分知识点，以使得课件能够达到最优的教学功能。其中教学设计主要是对教学内容、教学对象的分析及对教学活动的设计。教师可通过对教学内容与教学对象的分析确定学习内容的范围与深度，掌握知识的整体脉络及其与学习者已学知识之间的联系，为后面的教学活动设计做铺垫。图 2-6 是多媒体课件中的教学设计。

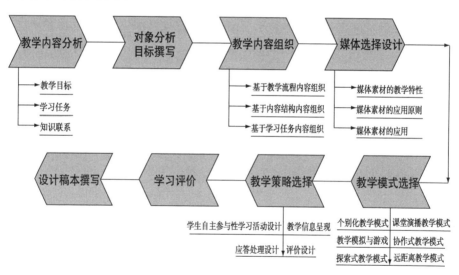

图 2-6　多媒体课件中的教学设计

（2）媒体表现形式设计

媒体表现形式设计主要是指根据教学内容分析、教学对象的学习风格以及教学活动的特征，结合不同类型资源的特性，对辅助教学开展的教学辅助工具（也就是资源）的类型进行选择。在教学实践中使用较为广泛的资源类型有多媒体课件、微课视频、教育游戏、虚拟实验等。

媒体的表现形式应强调技术的恰当性，而不是复杂性和先进性。不可否认，技术支持的信息化资源在某些方面突破了教学的难点，使原有教学中的不可能变为了可能，但这并不意味着技术就代表了质量，技术越复杂越先进信息化资源质量就越好。每一种资源类型都有其适用范围，有其最适用的作用，根据不同的教学内容和教学条件选择合适的技术开发教育资源才是正确的选择。

2. 素材的收集与处理

素材的种类有很多，信息化资源开发中使用的素材一般包括以下几类：文本、图片、音频和视频。现今教育资源素材种类繁多、数量庞大，然而并不是任意一种类型的资源都能满足所有教育活动设计的需求。虽然各类型资源素材无明确的好坏界限，不同的活动设计需要获取的资源素材各不相同，但如何选取合适的素材、选取什么资源素材却无明确的标准。为解决这一问题，教师可以依照以下几个原则对素材进行选取。

（1）活动设计的不同取向

在对资源进行选择时，首先要做的就是把握教育活动的核心目标，明确活动设计的取向，针对目标选择合适的资源以支持学生对目标的达成。

（2）教师对学习对象的了解

教育活动的主体是学生，教师开展教学活动一定要以学生为中心，同样，教育资源类型的选取也要关注学习对象的心理和生理特征，在把握学习对象学习特征和生活经验的基础上对资源进行选择，由已有知识经验和教学资源发生碰撞进而促进学生的学习。如在选择时教师应考虑学习者的已有知识经验是什么，学习者可能关注的内容是什么，据此对资源类型进行选择。

（3）教师对资源的认识与理解

在把握教育活动的核心目标，并了解学习对象的心理与生理后，还需要对资源本身有深入的认识，能清楚知道不同类型资源各自独有的特征及预估其在不同类型活动中能发挥出的效果，以此选择合适的资源，最大化发挥其本身的作用，为教育教学服务。

3. 资源的制作

资源的制作是信息化资源设计与开发的最后一个环节，也是最耗时的一个环节。针对不同类型的信息化资源有不同的制作工具，如制作 PowerPoint 的 Office 或者 WPS 办公软件，制作 Flash 课件的 Adobe Flash、Authorware，制作教育游戏的 Construct 等。各种资源类型开发工具众多，除上述软件外，下面为大家简单介绍几种信息化资源制作工具。

（1）Snap！byLectora——课件制作工具

Snap！byLectora 是一款简单易用、功能强大的 Flash 课程制作以及幻灯片演示软件，也是一款基于 PowerPoint 功能最强大的中文版电子教学课件制作软件，能把幻灯片的内容在几分钟内转换为互动的 Flash 动画。软件能方便迅速地在课件中导入和同步音频、视频文档，并可直接在课件里嵌入视频、互动 Flash 文档和网页。同时，软件也可以为测试评估和问卷调查提供各种各样的测试题模板，帮助教师做好课前调查。

资料链接：扫描下方二维码下载"Snap！byLectora 中文版"

（2）Visme——在线交互式演示图表制作平台

Visme（在线交互式演示图表制作平台）能够通过简单的方式创作交互式的演示稿、信息图表和一些其他互动内容，是基于 Html5 技术开发的简单而强大的在线工具。Visme 平台提供数以百万计的免费图片资源、各种漂亮的字体、数以千计的免费矢量素材，让你在制作图表的时候无须担心素材。将枯燥的数据转换成有意义的视觉效果是交互式图表的最大优势，通过该平台你可以创作出最佳的可视化演示图表，帮助你在工作中提高工作效率和完成效果。

资料链接：Visme 官方网址 https://www.visme.co/

（3）万彩动画大师——免费的动画制作软件

万彩动画大师是一款简单易上手的手绘动画制作软件，能够制作以手势动画为主的创意动画视频、微课、宣传片等。丰富的动画效果会让图片、文字、视频、图形等素材更加生动有趣。

资料链接：万彩动画大师官网网址 http：//www.animiz.cn/

案例分享

在幼儿园中班活动——"认识中秋节"中，活动目标为：知道中秋节的来历，对中秋节的活动产生兴趣；在集体前大胆表述，乐意和同伴分享自己的发现。为了让幼儿更直观地了解中秋的由来，可通过动画，以生动形象的方式对内容进行讲解。教师可先在资源网站搜索有关动画，在不能找到合适资源时可自己制作。教师可通过万彩动画大师制作中秋节介绍动画。

为了给使用者提供便利，万彩动画大师中提供众多动画模板，如图 2-7 所示，教师在制作中秋节简介的动画时可以先在其中搜索有关中秋节的动画，选择恰当的模板在其基础上对内容进行编辑，即可使制作过程更为简单。

图 2-7　使用万彩动画大师制作动画

三、信息化资源素材的获取方式

在制作信息化资源之前，教师往往需要根据资源的需要准备相应的素材。当然，教师也可以直接寻找他人的资源进行"再创作"。

1. 利用互联网搜索资源素材

互联网上有各种各样的教学资源，包括媒体资源素材（如文本、图片、音视频和动画）、教学素材资源（如教案、案例等）、题库、书卷、课件、网络课程以及其他科研资源等。这些资源有着多样性、共享性、互动性、拓展性和再生性的特点[①]，在收集资源时，教师要按照第二节所述的原则对素材进行选取。

搜索资源素材的方式有很多，教师可以在明确资源需求的基础上进行搜索。通常教师会直接利用百度、360 等搜索引擎搜索，这里可以使用一些加词的小技巧，如搜索图片、音频、视频时，可以在搜索时加入相应的关键词限

---

① 万力勇. 数字化学习资源质量评价研究［J］. 现代教育技术，2013，23（1）：45-49.

定。如教师需要匀速直线运动的视频，在检索时可以在搜索词"匀速直线运动"的基础上，加上"视频""动画"等关键词，就可以得到相应的资源素材了。

现如今，我国有大量的数字教育资源平台，这类平台为教师备课提供了极大的便利，可以帮助教师摆脱在海量资源中苦苦寻找的烦恼。在备课时，教师可以借助贝壳网、学科网或百度文库等平台，这些平台往往有自己的资源库，包含教案、课件、视频、素材等各类资源，可以为教师提供一站式资源获取服务。如要开展"匀速直线运动"课时的备课，教师可以在贝壳网平台直接搜索"匀速直线运动"，就可以看到贝壳网提供的关于"匀速直线运动"的教案、试题、学案、视频、教材解读、实验、图片及课件，教师可以根据自己的需要选择与参考。这里我们推荐几个好用的资源平台。

（1）贝壳网

贝壳网是顺应教育信息化趋势而产生的精准教育互动平台。它面向教师、学生、家长，针对中小学教学，聚集了海量的优质教育资源和教育信息化产品，能够助力教师轻松备课、出色教学，使学生高效学习、全面发展，让教育变得更加简单、科学、高效。同时，贝壳网提供科学的分层教学方案，能够让学生真正体会"因材施教"的乐趣。

资料链接：贝壳网 https://www.bakclass.com/

网页版

安卓版/苹果版扫描下载

（2）学科网

学科网平台内资源覆盖小初高阶段全年级、全学科、全教材版本，资源种类包含视频、试卷、素材、课件、教学案等，以满足不同地区、不同用户的各类教学需求。目前，数百所学校与学科网进行了签约合作，包括全国众多百强学校、省重点学校等。

资料链接：学科网主页 http://www.zxxk.com/

（3）中国微课网

国内最知名的中小学微视频资源网站是中国微课网，它是教育部教育管理信息中心主办"中国微课大赛"的平台，同时提供翻转课堂课题研究、翻转课堂教学平台试用和教师专业培训等相关版块内容。中国微课网所展示的微课资源涉及从小学到高中的各个年级，微课作品包括中小学阶段语文、数学、英语、政治、历史和信息技术等多个学科，目前已有 4 万多个视频资源。

资料链接：中国微课网 http://www.cnweike.cn/

2．自行制作素材

有时候，教师需要某些特定的教学资源，然而在网络和资源库中搜索后，却找不到符合教学内容且符合自己需要的素材，这时就需要教师自行制作教学资源。网络上有大量的资源制作教程，教师可以借助百度、360、必应等搜索引擎，输入相应的关键词如"如何录入音频"等，来搜集自己所要素材的制作方式。下面我们主要讲解一些简单的文本数字化、图像获取处理和音视频采集处理所用的方法与工具。

（1）文本的数字化

文本素材是各类资源类型制作中不可或缺的素材。在收集资源的过程中，我们总会遇到需要将纸质的文本转化为电子化文本的情况。一般情况下我们可以使用手动输入的方式完成，若是量少，很快就能够完成，然而当文本数量很大时，这显然不是明智的选择。下面就教大家两种快速的文本转化方法：

① 手机扫描输入

QQ 是一种最为普遍和常见的聊天软件，QQ 中的文字扫描功能就可以轻松帮我们把纸质文本转化为电子文本。我们可以向特定联系人（如我的电脑）发送文本的图片，图片可以用照相机拍摄保存到图库后直接发送，也可以直接利用 QQ 拍摄后发送。然后在聊天中点击打开图片，长按图片即会出现如图 2 - 8 所示的工具框，选择"提取文字"，这样就可以复制、翻译或分享图片中的文字了。当然，教师也可以对图片进行裁剪来识别特定图片区域的文字。

图 2 - 8　利用 QQ 提取图片中的文字

② 语音识别输入

　　随着人工智能技术的不断进步，语音识别技术不断完善，语音识别的正确率已渐趋完美，因此语音输入成为文本输入的一种主流方式。现在市面上有多种多样的语音识别工具，讯飞语音识别、爱维语音识别等各种软件提供了完美的工具支持。除此之外，类似于扫描输入，利用聊天软件在手机端通过发送语音到电脑端，在电脑端通过"语音转化为文本"也可实现文本转换。当然，教师也可以利用输入法的语音输入功能将纸质文本转化为电子文本。

　　（2）图像的获取与处理

　　图像也是一种常用的资源素材，其获取和处理也是资源制作过程中必不可少的一个环节。

　　① 图像的获取

　　对于人物、风景等图像可以采用手机或相机拍照的方式获取，而对于如电脑屏幕或手机屏幕中的图像，利用手机或相机拍摄可能会出现照片模糊等问题，为了获取更清晰的图像，我们可以采用截图的方式。对于手机，我们可直接利用手机截屏的快捷方式进行截屏。每种类型手机截屏方式各不相同，大家可以上网搜索或者查看使用说明书学习。对于电脑，一种方法是使用电脑程序中自带的截屏工具截屏（可以在程序中找到截图工具），另一种方法是借助于其他软件进行截屏，如 QQ 或微信等聊天工具都有截屏功能。以微信为例，打开聊天对话框，即可看到截图工具标志（剪刀形状），点击标志即可进行截屏，也可以使用快捷键完成截屏（通常是 Alt＋A）。

　　② 图像的处理

　　为更好地符合制作要求，我们可能需要对图像进行处理。对于图像的处理可采用美图秀秀等简便的图像处理软件，也可以使用更专业的、功能更加强大的图像处理软件（如 Adobe Photoshop）来实现对图像的抠图、重组、调色及添加特效。

　　资料链接：美图秀秀使用教程 https://www.duote.com/tech/meituxiuxiu/

除此之外，我们也可以使用图片查看工具进行简单的图像处理，如截图。在使用图像时，我们可能仅仅需要画面中的一部分，为实现这种要求，就需要对图像进行截取。除使用图像处理软件外，我们可以直接在图像查看器中操作，如图 2 - 9 所示。图像查看器中带有编辑功能，可实现对图像的简单处理。如果你想对 Word 或 PowerPoint 中的图像进行截图操作，通过点击图像，选择"裁剪"选项即可完成。

图 2 - 9　图像查看器编辑功能

（3）音频的采集与处理

对于音频的采集与处理可采用专业的音频编辑软件 Adobe Audition 进行操作，从而实现音频采集以及音频混合、编辑、控制和效果处理等。通过软件可实现多个声道的混合，对音频进行音量、音频、音色等的调节，也可对录制的音频进行消杂、变音、增效等特效处理。

资料链接：Audition 音频编辑教程 https://www.51zxw.net/list.aspx?cid＝559

（4）视频的采集与处理

视频的采集同图像的获取方法相似，一种形式是利用手机或相机的摄像功能对视频图像进行采集，另一种是利用录屏软件对屏幕画面进行采集。市面中的录屏软件有很多，如面向业余人员推广的录屏大师等软件，也有面向专业人员使用的 Camtasia Studio 等软件。

对于视频的处理，常用的视频编辑软件一般有 Camtasia Studio、Adobe Premiere 及爱剪辑等。Camtasia Studio 和 Adobe Premiere 两种软件偏专业性，能实现更多功能，但操作难度不大，在简单的学习后即可掌握操作方法。爱剪辑软件偏业余，同时网络中也有大量类似软件，一键式操作，简单易学。

资料链接：爱剪辑客户端下载 http://www.aijianji.com/medownload.htm

四、信息化资源的制作

现代化的教学课堂中，信息化资源是不可或缺的教学资源。多媒体课件和微课是教师最常用的两种信息化资源。下面我们将就这两种资源介绍其制作方法。

1. 多媒体课件

多媒体课件以其丰富的内容表现形式满足了教师不同的教学需求，成为现在教育教学中运用最为广泛、使用频率最多的信息化资源，是辅助教师教学的优质教具。

课件是教学过程中教师使用最频繁的教育信息化资源。课件的制作方法简单，一般是将教学内容以文字形式放入页面中，适当插入图片或相关音视频资料即可完成一个简单的信息化教学资源。课件的制作方法虽然很简单，但想做出一个美观的、优质的课件却并不简单，需要耗费大量的时间精力。在教师掌握的原有课件制作知识的基础上，下面为大家介绍几款课件制作工具，以帮助教师更好、更快地制作课件。

（1）101 教育 PPT

101 教育 PPT 是一款服务教师用户的备授课一体的软件，它支持智能资源匹配、辅助工具及手机控制课件等功能。101 教育 PPT 中拥有丰富的资源库系统，教师可根据教学内容在资源库中查找相关素材资源，简化了资源素材的查找过程。除基本的图片、音视频资源外，软件中还拥有跨多元领域的优质 3D、VR 内容资源，能为学生创设接近真实的学习环境，打造可沉浸交互的三维学习环境。除丰富的素材资源外，作为一款备授课一体的软件，101教育 PPT 还有功能多样的教学辅助工具，如点名器、奖励机制等能瞬间抓住学生的注意力。同时 101 教育 PPT 还开发有手机端 App，可实现通过手机端App 远距离操控电子白板，使教师脱离讲台束缚，任意走动教学，拉近与学生的距离，帮助教师更高效地开展教学。

资料链接：扫描下方二维码下载电脑端软件安装包——101 教育 PPT

101 教育 PPT 提供了多个学科的教学资源。例如，在 101 教育 PPT 教学软件中，通过学科、年级、章节的选择就能很快找到《观察物体》这一单元。如图 2 - 10 所示，教育资源库中提供了这一单元的课件、教案，以及相匹配的练习题。教师使用该资源备课极其方便，不用再花费额外的时间上网收集素材。

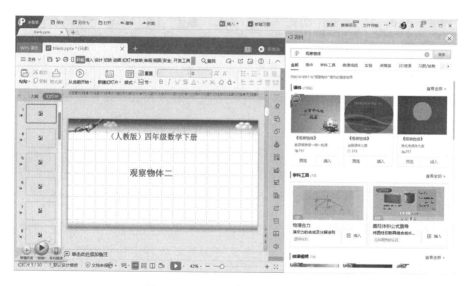

图 2 - 10　101 教育 PPT 内置资源

如需要提升授课内容的丰富性，可以试试 101 教育 PPT 的"习题"功能。如图 2 - 11 所示，在右侧工具栏的"习题/试卷"里提供了课程章节相关的习题内容，教师可以在 PPT 里直接插入题库里的习题，以此检验学生对知识的掌握情况。除了"习题/试卷"里自带的题目外，顶部菜单栏里还有"新建习题"功能。在"新建习题"里教师可以自主挑选合适的题型，自定义题目内容。

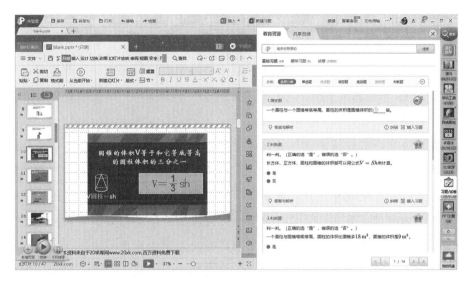

图 2-11　101 教育 PPT 内置习题

（2）PPT 美化大师

PPT 美化大师是一款用于对 PowerPoint 进行美化的软件。PPT 美化大师可以与微软 Office 软件完美整合，优化与提升现有 Office 软件的功能及体验，并在线提供海量精美的图片、图示、模板等资源，帮助你快速完成 PowerPoint 文档的制作与美化，使你的总结、报告、汇报、方案等更加精美及专业。

资料链接：PPT 美化大师使用方法介绍

2. 微　课

"微课"是一种围绕某一知识点进行讲解的视频，它的突出特点是"短小精悍"。所谓短，是指视频时长短，视频的长度一般在5—15分钟之内，以10分钟左右最佳；所谓小，则是指视频包含的知识内容范围小，一般仅围绕一个知识点进行教学；而"精悍"则是指微课的教学内容、教学环节经过专门的精心设计，虽然时间短，却能针对单一的知识点进行完整细致的讲解，教学目标明确，教学内容聚焦，教学方式多样，教学评价及时，有很强的实用性。

（1）微课设计的基本原则

微课是实行"翻转课堂"教学的主要教学资源，其核心理念是学生通过对视频的观看促进"个性化""自主化"的学习，为此，微课的设计应遵循以下原则：①系统呈现知识点。前期设计时系统梳理整个知识内容，条理清晰地对知识内容进行展示，同时在对知识进行讲授时既要有知识导入又要有课程总结，通过完整的教学环节围绕教学目标对知识内容进行讲述。②注重互动的使用。微课一般都是学生自学，没有教师实时在身边引导，因此一定要增加互动环节，设置能促进学生思考或复习重点知识的问题，通过问题的设置引发学生思考，检验学习效果，对学生的学习起到监督的作用。③避免冗余和干扰信息。制作微课视频时，应重点突出教学信息，尽可能不将时间浪费在与知识内容无关的问题上，不要在视频中出现与教学内容不相干或者偏离教学目标的信息，以减少对学生的干扰。

（2）微课的制作过程

微课的主要目的是让学生掌握知识内容，因此对教学内容的设计是微课制作的首要环节。微课以视频的形式呈现教学内容，而视频的拍摄编辑需要以脚本为基础，因此视频脚本的设计是微课制作必不可少的环节。最后使用专业的编辑软件对视频进行剪辑编辑生成完整的微课视频，这是微课制作的最终环节。

① 教学内容的设计

微课是对某一知识点的讲解，如同现实课程一样，为了清晰讲授知识内容，需要对教学内容进行严格的设计，包括知识内容的分析、教学策略的设计、教学媒体的选取等，以实现更好的教学效果。同时要注意的是，与现实课程不同，微课以视频的形式呈现教学内容，在教学策略的设计和教学媒体的选取上需要考虑视频的呈现效果，相比用语言文字单纯讲述而言，使用可视化图形、动画或采取互动提问的形式能获得更好的教学效果。

② 视频脚本的设计

表 2 - 1　微课视频脚本模板

微课名称				
时长				
知识点来源	科目：　　　年级：　　　教材：			
教学类型	讲授型			
教学过程				
场景序列	内容	画面	备注	时长
片头	题目	背景＋题目＋简介	（无）	××秒
导入	知识内容	图片＋知识点	配音＋字幕	××秒
……				
……				

视频的录制和剪辑需要以脚本为基础，因此录制视频之前需要编写视频

脚本。视频脚本一般也就是将教学流程以文字图表的形式呈现。如表 2-1 所示，视频脚本参考视频拍摄脚本编写的模式，将教学内容在视频中预想的效果按场景以文字的形式描绘出来，配上相应的说明。微课的视频脚本是将教学设计转化为微课视频的"通道"。

③ 微视频的制作

微视频的制作包括两个阶段：第一阶段是对视频进行录制，第二阶段是对录制的视频进行编辑。

视频的录制方式一般包括以下两种形式：一种是手机或摄像机拍摄，另一种是屏幕录制。

视频录制主要是利用手机或摄像机的拍摄功能，直接将教师讲解的全过程拍摄下来。手机拍摄操作简单，更适用于重点突出手写内容的知识点讲解，但视频录制效果较为粗糙，声音效果和画面效果都较差。摄像机拍摄可完整录制黑板或投影内容及教师讲解画面，声音和画面效果都较好，但教师在面对镜头时可能会紧张，影响教师的发挥。

资料链接：中国微课网 _ 如何使用手机或 DV 录像机录制微课。

资料链接：中国微课网 _ 手机录制微课案例《压力和压强》。

屏幕录制主要是在电脑上播放 PowerPoint 或其他教学资料对知识内容进行讲解，利用录屏软件将电脑屏幕上的画面和声音录制下来。可汗学院即是采用屏幕录制＋外接手写板的形式进行视频录制的。该方法符合教师的习惯，即使用 PowerPoint 课件进行知识内容的讲解，同时记录操作过程，但教师需要对录屏软件进行学习，增加了其负担。

资料链接：中国微课网 _ 录屏软件录制微课视频。

资料链接：中国微课网 _ 录屏软件＋PPT 课件模式录制微课案例《各学科微课范例》。

视频录制并不可能保证录制的视频完全没有瑕疵，因此需要对视频进行剪辑，通过删减错误部分、对画面及声音效果进行修饰以及添加字幕编辑后才能生成最终的微课视频。视频的处理方法前面已有详细介绍，不再赘述。

资料链接：扫码下载微课制作软件工具。

资料链接：微课制作教程专家讲座。

目前，各种形式的信息化教学资源充足而丰富，而且每天还在不断地更新与充实。但对于教学者某个特定的教学活动来说，绝大部分教学资源并非可以直接利用，可能需要经过简单的二次开发完善后才可利用，或者并没有满足需求的信息化教学资源。所以，具备对教学资源的设计与制作能力是必要的，这样教学者可以基于特定的教学模式，开发、制作、整合、扩展相关学习资源以满足不同层次学生的学习需求。

然而，教师在运用信息技术准备教具时应重点考虑教育活动本身，根据教育活动的目标、学生的需要、教育的实际情况，选择最恰当的教具，以便更好地服务于教学内容。有些教学活动根本无须信息化教具的介入，教师要注意避免人力、物力的浪费。

第三章

教师怎样用信息技术优化课堂教学

信息技术的迅猛发展对教育的影响日益扩大，丰富的信息化资源为教师开展备课带来了极大的便利，如何利用信息技术上好课、备好课是当前教育研究的重要课题之一。

教师必须转变观念，明确信息技术并非仅仅服务于教师的知识讲授，还应该关注师生所处的学习空间，从师生共同使用技术这一观念入手，让学生积极参与教学的各个环节，从而更好地提高学生的各项学习能力。

第一节　利用技术有效呈现课堂内容

同一信息，因为呈现差异，将会产生不同的处理方式。在课堂教学中，教师采用不同的信息呈现方式，虽然最终结果相同，但是可能导致"有效课堂"教学效果不同。信息技术的发展为课堂教学注入了新的活力，随着信息技术的不断发展，教师可以运用到教学活动中的信息技术越来越多。信息技术的利用可以在一定程度上优化与改变教学内容的呈现，以帮助教师取得更好的教学效果。如我们常用的多媒体课件，通过声画并茂的方式让学生多维度感知教学内容，从而更好地达到教学目的；如教师可以利用信息技术将假设情景真实化、抽象知识具体化等，为学生架起一座桥梁，提高学生的学习效率。

作为数字原住民的学生，他们从小就接触各种各样的数字化产品，拥有着一定的数字化学习经历或数字化使用经历，教师如果不能充分利用信息技术充实教学方式，那么就很容易被时代淘汰。因此，教师要充分利用信息技术的优势，多元化教学内容的呈现方式，丰富学生的学习发展环境，发挥学生的自主性、积极性，兴致盎然地投入到现实的、探索性的教学活动中。信息技术有着直观性、及时性、互动性、可反馈性等多种特点，它可以将复杂知识简单化、抽象概念直观化、枯燥理论趣味化以及教学活动探究化。教师可以从以下几个方面利用信息技术呈现课堂内容。

一、多维度构建情境

在一节课的开始，教师如何帮助学生进入学习状态，如何激发学生的学习动机，关键在于教师如何在导入环节激发学生的求知欲。在课堂教学的导入环节，教师选择导入方法通常需要考虑以下两点：一是考虑从旧知识过渡到新知识所需的"桥梁"；二是考虑如何让学生更好地进入教学情境。在实际教学中，教师更多的是提出开放性问题来引发学生开展头脑风暴，从而把学生更好地带入与教学内容相关的现实情境。

1. 利用技术使情境变"静"为"动"

现有的教辅资料对于教学的支持往往是以单一化的章节路径开展的，在情境的创设方面略有不足。以物理教学中的匀速直线运动为例，教师可以通过"A 与 B 何时相撞"的问题来创设问题情境，这在一定程度上激发了学生的好奇心。但语言文字的魅力往往是单一无力的，教师不能保证通过这样的情境来吸引住每个学生的"眼球"。技术不是目的，而是教学过程中的媒介与方式。教师通过运用信息技术，可以让学生更好地"身处"在真实情境之中。

信息技术进入课堂可以为学生带来新鲜感，激起学生的学习兴趣。利用信息技术，教师可以模拟虚拟场景，模拟事物的变化过程，通过变"静"为"动"让静态抽象的文字或语言动起来，大大提升了文字或语言的吸引力和感染力，促进学生主动开展思考、交流与讨论，这是传统教学无法企及的优势。如教师在课堂的开始，可以通过信息技术呈现相应的动画或视频，强烈的视听刺激可以很好地吸引学生的注意，唤起学生的学习兴趣。以数学学科为例，教师可以利用动画使数学知识不再单调和枯燥乏味。

教师首先根据教学目标，思考什么样的材料可以引起学生的兴趣，基于此来创设问题情境，向学生展示所要学习的内容。例如，教师可以用微课或教学视频来创设情境，通过视频吸引学生的注意力，激发学生的学习兴趣。利用视频创设的问题情境，学生很容易身临其境，从而产生强烈的探索欲望，这是任何语言描述都难以达到的效果。

利用视频创设情境

在教学"长方体与正方体的特征"时，传统的教学方式往往是教师在黑板上提前画好正方体和长方体，或者提前准备好长方体和正方体的模型来吸引学生的注意力。然而作为数字原住民的学生，对于这一呈现方式的兴致往往不高。教师可以上网搜索视频动画资源或利用万彩动画大师等软件制作动画，如以长方体不断展开合并为主体动画，随着音乐，小动物不断沿着长方体的棱做各种运动等等。

在教学"分数的意义"时，教师可以用视频讲述羊羊分西瓜的故事。喜羊羊、美羊羊、懒羊羊三个人想要吃西瓜，但懒羊羊在切西瓜时并没有把西瓜平均切成三份，三个人意见不同，大打出手。为了让几位小朋友消除矛盾，维护团结，需要同学们帮助他们想想办法。

上述案例很好地利用了信息技术的特点，通过声、画两种方式的结合，在视觉与听觉方面同时抓住学生的"目光"，更好地吸引了学生的注意力。同时，形状的变化可以激发学生强烈的好奇心和学习热情。借助学生熟知的动画形象，以故事的方式引导学生去解决动画中的问题，这就很好地调动了学生的学习积极性。而学生在深入学习、探索知识的过程中，又会学习到更多的相关知识。

2. 利用技术消除情境创设"失误"

在传统教学中，教师往往要通过一定的语言文字或者准备一定的教具来创设情境，这个过程中往往会出现三种问题：一是教师不能保证每一次创设的情境都是准确无误的，由于各种现实因素的影响，实际情境可能与目标情境有偏差，以至于学生不能很好地融入课堂中去；二是教具的准备过程往往会浪费教师的时间，同时在课堂上设置教具也往往会占用一定的课堂时间；三是语言文字创设的情境，很容易出现学生漏听或不好理解的情况。而借助信息技术，可以消除诸多人为演示中容易发生的错误或误解。运用信息技术，教师可以把情境以多样化的形式更为直观地呈现给学生。

新的技术环境能够创建新的资源形态，不仅可以采用文字、图像、视频、模型等富媒体方式，还可以通过多种交互、远程连线、增强现实等方式呈现教学内容与真实情境的融合，为学生提供生动、直观、富有启发性的学习材料。从技术的维度考量情境，大致可以分为以下几类：真实体验情境、媒体再现情境、抽象概念情境、模拟仿真情境和思想实验情境①。

很多时候，教师会产生非常好的想法，想要以此来启发学生的求知欲，然而这些想法往往会由于现实条件不足等原因而夭折。随着虚拟现实技术、增强现实技术等的发展，虚拟仿真软件应运而生。教师可以利用虚拟仿真软件来辅助开展情境创设，如利用软件或程序模拟简化或模拟真实情境，创设虚拟的情境来引导学生开展学习。

教师自制"乡间小路"微课

为使学生认识绘画软件"我的画笔"，初步了解如何画"路"，教师在课中播放了自己制作的微课。

师：水彩画是要用水和颜料完成的。有同学有疑问了：没有颜料，也没有水啊？怎么画呢？今天我们就用 iPad 来画出水彩画的效果。

师：让我们借助"我的画笔"软件，画一幅乡间的小路。先来看一个视频，看看老师是怎么画的。

1. 播放第一步：画构图。

师：出示一些不同的构图（正三角的、斜三角的、S 形的），说一说，你想用什么构图？准备画什么样的路？路边有什么景物？

生：讨论。

师：想好了告诉老师和同学，一起分享你的构思。

生：说说自己的构思。

教师在学生创作的过程中发现好的、有问题的画面投屏，进行比较，然后让学生比较和提建议。通过比较，学生发现构图、外形等方面的问题，并及时在第一个环节就解决问题，为下面的填色打下基础。

---

① 杨晓哲. 重新定位技术在教学中的应用价值：如何借助技术让核心素养在课堂教学中落地 [J]. 中小学数字化教学，2019（8）：25-28.

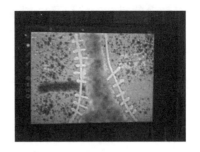

图 3-1 微课视频画面（1）　　　　图 3-2 微课视频画面（2）

2. 播放第二步：上色。

师：想表现什么季节的景色？色彩以什么为主？冷色？暖色？对比色？

3. 播放第三步：注意细节和层次关系。

上述案例中教师将自制的微课带入课堂，由教师操纵播放，统一带领学生观看。将操作视频提前录制，能避免教师在课上绘制过程中可能出现的失误，节约课堂时间，提升课堂效果。教师还可在播放微视频时观察学生的表情、动作，通过学生外在微行为（如点头、皱眉等），判断学生是否已经理解视频中的学习内容。这样的微课运用能够使得学生对"我的画笔"这个软件了解得更为透彻，从而能更好地表现"路"。

大量的教学实践表明，教师借助信息技术使得学生产生学习兴趣后，学生的学习热情也随之高涨。在情境导入时，运用信息技术可以使得情境更为真实，从而激发学生的学习动机，让学生成为学习的主人。

二、形象化抽象知识

教师对教学难点的突破、教学重点的处理以及学生的学习方式和学习方法等问题都直接影响学生掌握知识进度。然而，学生认识规律通常有着形象性的特点，而一些教学知识又比较抽象，传统教学中的教师很难将这些知识更直观地呈现给学生以帮助学生理解。信息技术具有非常强的表现力，同时具有一定的活动张力，它可以突破时空限制，具体展现各种现象或事物，具有动静结合的特点，它可以将晦涩难懂的概念、法则、公式简单化、形象化，帮助学生掌握其内在规律，从而完成知识的构建。

在课堂的知识讲授环节，教师要注意避免利用技术工具"复制再现"传统的知识讲授这一现象，教师应该考虑如何通过技术手段使知识形象化、直观化，从而让学生更好地对知识之间的结构与关联进行对比与分析。

1. 利用技术直观展示知识

从认识论的角度出发，学生对事物的认识往往是从感性认识出发的。然而，由于他们经验不足，难以理解抽象概念与定义，以至于难以将其进行应用，这一直是教师教学中的一大痛点。久而久之，学生容易对学习产生畏难情绪，从而对知识逐渐失去了学习兴趣。而利用信息技术，可以很好地解决这一教学痛点。信息技术可以增加教学内容的直观性，将抽象知识具体化，通过呈现抽象现象、模拟过程等，让学生感性地掌握知识。

信息技术可以利用图像、动画等方式使学生更为直观地感受到知识的魅力，从而更好地激发学生的学习主动性。信息技术可以使一些教师难教、学生难懂的公式、概念等简单化、形象化，让这些抽象知识转化为学生容易理解的内容，帮助教师更好地突破教学重难点。

动画演示"同底等高的三角形的面积相等"

在"同底等高的三角形面积相等"这一知识点的教学中，传统方法大多是教师让学生自己动手测量几个底和高相等但形状不同的三角形，从而推导出这些三角形面积相等的结论。借助信息技术，教师可以制作一些简单的flash动画，如图3-1、图3-2所示，教师可以控制三角形的底保持不变，通过两条平行线保证三角形的高相等，将三角形的某一顶点不断沿着平行线运动，通过"闪烁""移动"等技术手段，吸引学生的注意力，让学生通过观察、感知得出结论。

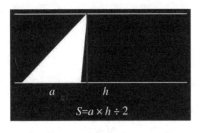

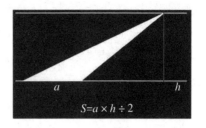

図 3‐3　课件画面（1）　　　　　　図 3‐4　课件画面（2）

　　在传统教学中，学生往往通过"举一反三"的方法来学习这一知识。而借助信息技术，学生可以更清晰直观地感受到只要底和高保持不变，不论三角形如何变化，它的面积始终相等。由此可见，信息技术可以化抽象为具体，可以让学生借助直观形象开展头脑风暴，为学生理解概念奠定基础。

2. 利用技术模拟过程

　　有些教学内容的学习往往需要学生开展空间想象，然而空间概念较为抽象，不借助教具，学生很难形成空间观念。教师可以利用信息技术进行教学，为学生演示空间的概念。教师通过动态图像等技术，将抽象的空间概念直观展示，帮助学生将立体抽象的空间以平面、直观的方式加以呈现，帮助学生降低空间理解困难，同时，利用信息技术的形象化空间，往往比传统讲授方式更容易让学生理解，为课堂教学节省了更多时间。比如推导圆柱体积，一些教师会"简单粗暴"地告诉学生圆柱体体积的计算方式，负责任的教师则会对教材包含的"拼割实验法"加以讲解，但该实验难以在现实条件下进行实践操作。教师可以借助动画或视频，展示随着等分份数的增加，拼接成的长方体逐渐由曲线变成直线的过程。

　　另外，教师可以利用信息技术展现生活中学生不易观察到的某些现象，以弥补学生生活经验的不足，如学习声调相关知识时，教师可以借助视频展现火车进出站时的声调变化，学习相对运动时，教师可以利用动画等方式来演示飞机是如何在空中加油的等；教师可以利用信息技术模拟一些来不及观察的物理过程，如平抛运动、自由落体运动等，在实际开展实验时，由于各种因素的限制，学生往往难以直观感受到各段速度之间的明显区别，从而无从分析、无法理解其本质，教师可以利用相机等工具"变快为慢"，让学生细细品味物体运动的特点；教师可以利用信息技术，通过 NB 化学实验室、一些虚拟实验室 App 等模拟很多现实条件下比较危险或难以实现的实验，让学生更直观地理解实验现象，并基于此开展推理。

可以看出，教师可以借助信息技术，将很多难以在现实条件下进行具体操作的实验模拟出来，从而为学生提供更丰富的感知材料，为学生提供坚实的认知基础。

三、丰富课堂教学内容

新教材实施以来，很多教师会发现：新教材比旧教材在教学内容方面有所增加，然而学校教学时间有限，学校不能为教师增多课时安排。这往往要求教师在每堂课上增加教学内容，不仅对教师教学提出了要求，还增加了学生的学习难度。利用信息技术，教师可以更好地将教材内容根据自己的需求进行重组，并适当地增加课堂教学内容。同时，信息技术可以充分调动学生的学习积极性，加深学生对知识的理解。

1. 利用技术加大课堂教学密度

信息技术可以增加课堂信息的传输量，同时可以调动学生的学习积极性，充分引导学生开展思考，促进学生的接受与理解。以语文教学为例，多数教师已经开始利用多媒体课件来开展课堂教学，他们在课前制作好相关的课件，在课上按照课件的顺序来进行一一展示。这样做可以节约板书的时间，同时通过多媒体呈现的内容也可以很好地吸引学生的注意。当然这只是最简单、最直接的例子。

以信息技术为中介的课堂，可以使"以学生为中心"的理念体现得更为完善。信息技术不仅提高了教学效果，还能很好地减轻学生的负担。借助信息技术，教师可以将不同的教学内容进行结合，加大课堂容量。同时，信息技术可以帮助教师用极短的时间把有关内容引入课堂，有效地节约了课堂时间，给予了学生更多的自主学习时间。

利用 Excel 合并"统计图"课时

以"统计图"单元为例，教师往往是将单式折线统计图和复式折线统计图单独讲授的，这往往需要两个课时来开展教学。而利用电脑的 Excel 功能，教师可以将这两节内容合为一节课来开展。教师可以在电脑教室上课，带领学生简单了解这两种统计图，教会学生如何运用 Excel 来制作这两种统计图，让学生在利用 Excel 探索统计图的过程中了解两种统计图的特性，并进行对比。

在利用电脑制作折线统计图的过程中，学生加强了对单式折线统计图和复式折线统计图的理解。同时，借助课件，教师很直接地将这两种统计图的区别进行了一步步的区分，让学生在探索的过程中比较归纳，得出结论。由此可见，借助信息技术，可以大大提高教学效率。

课件内容往往是相对固定的，而学生的疑问却往往会出现"意外"，单一的课件无法让教师及时回应学生对于新知的疑惑，这会在一定程度上影响课堂的教学效果。而借助信息化平台，则可以有效解决这些问题。教师可以根据学生的问题，利用信息化平台的拓展工具插入新的知识点，借助平台的资源以多样化的形式呈现这些内容，既节省了板书时间，又在一定程度上扩充了课堂教学的信息量。

2. 利用电子教材丰富教学内容

iBooks 是苹果设备中的一款阅读和购买书籍工具。我们常常从其内置的 iBookstore 中下载书籍，或使用 iTunes 把 ePub 和 PDF 书籍添加到自己的书架上。电子课本的富媒性、互动性和丰富性能够使传统的纸质教材"动"起来，真正实现学生和学习内容的互动。将 iBooks 作为电子课本的有效载体，能够使学习内容以科学直观的视、音、图、文展现出来，方便学生理解和掌握教材知识，更好地提高学生的积极性。目前，在国外教学实践中，使用 iBooks 作为课堂工具的案例较多，而我国则相对较少。

资料链接：扫码获取 iBooks

案例分享

使用 iBooks 电子教材让学生自学"Unit 8 How are you?"

为了使学生快速掌握新单词，教师课前制作了关于"Unit 8 How are you?"一单元新单词的电子教材，并请学生借助 iBooks 软件自学该电子教材中的内容。在电子教材中，教师将单词配以相应的图片、发音音频、例句、GIF 动画或短视频等，供学生自行选择学习。

iBooks 极大地丰富了教学内容的表现形式，能够在调动学生学习兴趣的同时刺激学生的眼、耳等多种感官，以获得最佳学习效果。此外，电子教材保留了传统教材的某些特性，如翻页等，更有利于学习者接受。将 iBooks 作为支持学生自学的工具，更有利于学生达到沉浸式的学习和有效学习。

图 3-5　学生利用 iBooks 自学

图 3-6　学生自学环节中教师给予指导

3. 利用技术将知识与生活相联系

知识源于生活，生活中处处有知识。教师可以联系生活实际开展教学，然而，由于各种因素的限制，短时间内让学生明白所学知识与生活的关联并不是一件容易的事，而且学生很难直接将知识运用到生活中去。信息技术的运用可以为学生的生活经验与知识学习之间构建桥梁，让学生在技术构建的画面中更为直观地感受生活化的知识，从而提高学生的实践应用能力。

模拟生活化情景讲授"几和第几"

在"几和第几"教学中，教师可以利用教学视频展现一些生活化的情景，如播放某学校春游去动物园的情景。参加这次活动的学生有980人，教师有38人。每个班级按照不同要求排队，有序进入动物园。教师通过动画模拟学生排队的情景，并在特定动画中向学生提问队伍的人数与某学生所在的位置。

教师通过信息技术将一些生活化的情景"再现"到学生眼前，可以避免学生想象的不足，让学生直接感受这些情景。通过把静态的文字画面动态化，学生可以在这一生动有趣的情境中加深对基数与序数的理解，同时当生活中遇到相似情景的时候，学生很容易将这一知识运用到生活中去。

4. 利用技术拓展教学空间

传统课堂中，承载教学信息的载体往往局限于教材、课本、练习册等。在这些信息工具的局限下，教师和学生只能通过最传统的面对面"口耳相传"传播知识。信息技术带来了许多可使信息有效呈现和快速传播的工具。这些工具丰富了信息的呈现方式和传播形式。教学信息从"死板"的纸质媒体转移至"活"的数字媒体。被固化于课堂之中的教与学，也得以延伸至课堂之外。此外，信息技术工具的富媒性，使教师可在教材之外为学生推送更多内容丰富、形式新颖的学习材料。

例如，教师一般会用教学视频在课堂导入环节来创设情境。除此以外，教师可以开展翻转课堂。微课是以短小精悍的教学视频来呈现和传播教学内容的工具。微课可以引导学生思考、理解教学内容，为学生提供个性化、泛在化的学习机会。微课可以帮助教师突破教学重难点，实现翻转课堂。教师可以在课前或课后向学生发送微课，让学生课前自主预习，课后反复观看、自主复习。

利用全景课堂平台开展"比例尺"教学

为使学生初步理解"比例尺意义"，初步学习"求平面图的比例尺"，教师课前制作了"比例尺"一课的微课，并请学生借助平板电脑上的全景课堂工具观看微课视频并解决问题。

一、比例尺的意义

1. 提问：同学们，前面我们学习了比，那么比在生活中有什么作用呢？今天我们接着学习。这是一张地图，在地图上分别标有安镇和无锡，安镇到无锡的实际距离是 18 千米，在这张地图上，安镇到无锡的图上距离是 3 厘米。图上距离与实际距离的比是多少呢？

2. 尝试：请你试着写一写，算一算。（显示浮标）

3. 校对：让我们一起来学一学。安镇到无锡的图上距离和实际距离的比就是 3 厘米和 18 千米的比。3 厘米和 18 千米的单位不统一，先把它们统一成相同的单位，18 千米＝1800000 厘米。单位统一后，再求图上距离与实际距离的比，就是 3∶1800000。最后还要化简成 1∶600000。通过以上计算得出，安镇到无锡的图上距离和实际距离的比是 1∶600000。

4. 揭示含义：我们把一幅图的图上距离和实际距离的比，叫作这幅图的比例尺。比例尺是绘制平面图或地图的标准，也是我们阅读平面图或地图的依据。1∶600000 就是这幅地图的比例尺，这个比例尺的含义是：图上距离 1 厘米表示实际距离 600000 厘米（也就是 6 千米），也表示图上距离是实际距离的 1/600000，还表示实际距离是图上距离的 600000 倍。

二、比例尺的计算方法

师：怎样求一幅图的比例尺呢？图上距离∶实际距离＝比例尺。

三、认识线段比例尺

师：比例尺的表示有不同的方式，像 1：600000 这样的比例尺叫作数值比例尺，还可以用下面的方式来表示。先画一条长 3 厘米的线段（一段一段出示，下面标尺），然后分别标出与之相对应的实际距离（跟随下面说明动态标出 0、6、12）：图上距离 1 厘米表示实际距离 6 千米，图上距离 2 厘米表示实际距离 12 千米，图上距离 3 厘米表示实际距离 18 千米。像这样的比例尺叫作线段比例尺，它的含义和刚才的数值比例尺是一样的。

师：同学们，接下来我们就可以去试着完成课前自学练习了。假如练习过程中遇到困难，我们还能随时回来学习微课，直到完全理解，加油哟！

传统学习环境下，学生往往借助课本、导学案等完成课前自学。微课的引入丰富了学生自学材料的呈现形式。学生可以通过教师精心设计的微课视频开展课前自学活动。微课视频较书本更能吸引学生的注意力，学生也可以反复观看视频直至理解。微课能够有效提升学生的课前学习效果与效率，从而为课上预留更多宝贵的时间。

信息技术工具的共性就在于能够突破文字的束缚，采用图片、视频等多样化的方式呈现信息，并能够实现信息的快速、实时共享。但是，仅将多种媒体整合，并不是信息有效呈现的本质原因。工具只是载体和推手，真正起作用的还是融合于工具之中的内容设计。因此，在使用此类工具时，不但要考虑到工具的适用性，还应该着重思考如何将多种教与学信息有效呈现于其中。

第二节　利用技术促进学生知识建构

在新课改之前，课堂教学往往是以这样的形式开展的：教师先进行知识的讲解，学生"照葫芦画瓢"来一步步进行练习。新课改的一个理论基础是建构主义学习观，强调要以学生为中心。建构主义认为，学生的知识建构与教师的课堂教学是同步进行的，学生的学习是探究、理解、创造的过程。运用信息技术优化课堂教学，其目的在于丰富教师的教学实践并促进学生的知识建构。利用信息技术，教师可以促进学生发挥主观能动性，使学生成为知识的主动建构者，去寻找问题的解决办法。

借助信息技术，我们给学生提供更多深度理解的机会、更多运用知识的机会、更多相互协作的机会以及更多动手创造的机会。根据加涅的"九大教学事件"所描述的教学过程，我们可以发现：在课堂教学中，信息技术并非仅仅作用于"呈现教学内容"，还应该发生于创设情境以"引起学习注意"，通过"引发行为"、"提供反馈"和"评估行为表现"等来促进学生知识建构能力的提高。①

一、创建情境激发学生的求知欲

"主动"与"思考"是学生知识建构过程的两大要素。教师需要通过一定的情境来吸引学生的注意力，让学生主动去学、愿意去学。同时，教师也要鼓励学生积极思考。没有情境，知识很容易走向抽象、固化、不可迁移的境地。为了追求"效率"，教师往往会对教学时间进行压缩，忽略学生的知识探究过程，以"简单粗暴"的方式直接向学生讲授结果性的知识，以至于学生的学习力和创造力大大降低。长此以往，学生很难将知识与具体情境相联系，更别提将知识运用于生活情景中去了。

1. 有机组合信息化资源，具象化情境

知之者不如好之者，好之者不如乐之者。学习兴趣是学生的学习起点。教师往往需要有目的地创设教学情境来激发学生的学习兴趣，从而更好地支持学生的学习。在上一章中，我们讲了教师可以利用一定的信息技术呈现工具来使得教学情境具象化，从而更好地引导学生主动学习的例子。信息技术

---

① 庄木林森. 从大处着眼，用信息技术优化课堂教学［DB/OL］.［2018-07-01］https://wenku.baidu.com/view/31014fb3551810a6f524866d.html.

资源具有生动形象等特点，教师可以利用信息技术将图片、动画、视音频等进行有机组合，改变教师的强迫说教这一教学方式，通过营造情境氛围，激发学生的学习兴趣，让学生从"要我学"向"我要学"转变。信息技术具有模拟仿真的特点，它可以化静为动，化抽象为形象，从而为学生创设出丰富多彩的教学情境，让学生产生真实的情感体验，从而更为积极主动地投入到学习中去。

传统教学方式普遍以教师讲授为主，学生往往是知识的被动接收者，他们接触到的更多的是知识的结果，而不是知识形成的过程，这导致学生很难对知识形成深入的理解。而信息技术支持的探究式学习方式，则是要求教师从学科领域或现实生活中选择和确立一个主题，在教学中创设类似于学术研究的情境，使学生通过独立自主地完成发现问题、实验、操作、调查、收集与处理信息、表达与交流等探索活动。通过探究式学习，学生能够获得知识，培养能力，发展情感与态度，特别是发展探索精神与创新能力。探究式学习倡导学生的主动参与，是学生在科学课中自己探索问题的学习方式，也是一种积极的学习过程。

案例分享

课件支持的"路程问题"数学问题情境创设

上海市嘉定区实验小学在"路程问题"这一主题的学习活动中，将数字化设备中的学习工具软件"路程问题"提供给小学高年级学生，为他们营造了一个日常生活中熟悉的路程问题背景。基于该软件，学生可通过"做实验"方便地操作背景环境，并观察不同操作和设置下发生的变化，分析深层次的运动关系，理解随时间变化的函数的概念。三个运动故事的模拟：

故事1：男孩和女孩从同一位置出发，男孩比女孩先到达终点。

故事2：男孩在女孩后面出发，男孩比女孩先到达终点。

故事3：男孩从树出发和女孩从房子出发，在女孩到树之前，男孩先到达房子。

在上述案例中，教师借助数字化设备中的小工具软件，从现实生活中的小问题出发，为学生营造了真实的问题情境，能够激发学生的学习兴趣。学生通过该软件能够灵活自由地调整各个参数。基于教师的问题，学生在解决问题的过程中，还能够发现和解决其他问题。在"做实验"的过程中，学生亲身参与了知识形成的过程，也对知识有了更深的理解。

2. 创设问题情境，鼓励学生利用工具开展探究

建构主义学习理论认为，让学生在情境中开展学习，可以大大提升学生获取知识和解决问题的能力，同时可以在一定程度上培养学生的知识迁移能力。教师可以通过一定的案例或者任务来鼓励学生主动运用其掌握的知识，并借助一系列工具来进行思考与探究。这里需要注意的是，教师创设的情境一定要有利于学生的自主学习，同时，创设情境时，需要给予学生一定的探索空间，让其主动将新旧知识联系起来，通过主动探究，促进学生的知识意义建构。

语文"恐龙"教学的问题情境创设

苏教版小学语文三年级下册"恐龙"一文中，作者通过多媒体课件重点介绍了雷龙、梁龙、剑龙、三角龙四种恐龙的外形特点，通过语言文字、画面、视频等的描述，这几种恐龙各自鲜明的特点很好地得到了体现。学生能够读懂作者写了什么，但这几种恐龙各自的特点还需要学生通过个体的品读与探究进行概括提炼。于是，要求学生围绕"它们到底长什么样？有什么特点呢？"这个中心问题，先认真阅读描写恐龙的句子，选择自己喜欢的一种恐龙进行研究学习，圈画出关键的词或句，如果能用一个词概括，就写下来。学生在电子书上可用不同颜色的符号圈画重点语句，在旁边可以直接作批注。教师给予充足的时间阅读语言文字、独立思考后，学生将自己的阅读成果投屏展示在大屏上，积极表达自己的观点。通过思维火花的碰撞，学生们在字里行间感受到雷龙的大、梁龙的长、剑龙的全身带刺、三角龙的长相凶恶等

特点。

　　学生的独立思考能力是终身学习能力的核心要素之一。在上述案例中，学生围绕中心问题——"恐龙到底长什么样？有什么特点？"展开思考，进行研究学习。在感知问题型情境中，学生的求知欲望被唤起，学生真正消化、掌握了所学知识。

　　利用信息技术创设的情境，可以激发学生的学习兴趣，可以在一定程度上丰富学生的知识结构。同时，信息技术的利用可以在一定程度上降低教学成本，避免一些不安全因素。当然，虚拟情境虽然在一定程度上可以替代真实环境，但一些教学仍然需要学生去真实环境下开展实践，教师必须根据实际情况进行选择。

二、促进师生之间协作会话

　　对于学生而言，协作解决问题的能力将比内容知识更重要。协作学习是教育者在课堂上使用的重要学习策略。它通过结合优势、分担责任和相互学习来提高学生的知识水平，这为丰富知识带来了许多机会。然而，在传统的教室中，由于条件所限，培养学生的协作技能非常困难。谨慎地使用技术可以打破这种限制，但是我们应该明确，第一步是改变旧的思维方式，而不是提供新的工具。

　　台湾大学的洪兰博士曾说过："诱发学习动机，教学才有效果。"是的，使学生全身心参与学习活动，才是我们教学最重要的前提条件，同时，通过生生互动，达到相互激励、共同进步的目的。"活动"是知识建构过程中的一个重要因素。活动与交流是课程中最重要的形式。协作就是学生与环境的相互作用，其贯穿于学习的整个过程。会话就是交流讨论，通过会话，学习者可以共同讨论如何解决问题、完成任务，学习者的想法可以与小组内的所有成员共享。其实，协作与会话密不可分。协作通常是以小组形式来开展的活动，学生通过开展对话、讨论、争辩等形式来达成共同的学习目标。无论是在线教学还是线下教学，教师都可以使用流行的在线工具来促进团队合作和学生协作。

在过去，协作学习主要是在面对面的情况下进行的，即学生坐在教室的桌子旁一起学习，或者作为一个小组在学习中心学习。现在，在我们的课堂上有了技术，协作学习可以采用不同的方式或模式，如在线讨论小组、互动平台和在线课堂环境。这些环境允许学生在小组项目上合作，在维基和博客上发表文章、解决问题，在在线课堂上以合作的方式参与其他活动。学生以小组的形式合作，使用计算机工具和资源来搜索信息、发布结果和创建产品。

1. 借助网络平台促进师生交流

利用信息技术促进师生之间的协作会话交流往往有两种形式，一般是利用网络平台创造协作学习环境。云计算的进步推动了在线共享服务的兴起，其中一些工具作为协作工具非常适合需要小组或成对学习的学生使用。这些工具可以节省时间，否则这些时间将花费在来回传递或传输文件上。由于这些工具大多数都具有移动应用程序，因此无论身在何处或是否可以使用计算机，学生都可以进行研究，从事项目并完成作业。当前，荔枝FM、英语趣配音等各大工具均提供了虚拟学习社区。学生可以通过虚拟社区分享自己的学习经历以及生成的作品。较为成熟的网络教学工具如Edmodo、蓝墨云班课、课堂派等，也能够通过师生、生生之间的交流、共享，将学校学习和社交网络结合起来。虚拟社区的分享式学习工具，能够通过生生间的交流和比拼，在一定程度上诱发学生的学习动机，从而达到有效教学的目的。

（1）啪啪音乐圈

啪啪音乐圈（以下简称为"音乐圈"），是一款图片语音社交应用。学生可以通过音乐圈与其他同学分享图片，同时加上语音介绍，同学间也可以通过语音进行评论互动。音乐圈的操作方法简单方便，内容也可以同步、分享至微博、微信等其他社交网络。在音乐圈中，教师与学生之间、学生与学生之间可以随时随地交流与分享。其他同学分享的优秀作品，会激起学生超越的欲望。教师和其他同学的肯定与表扬，也能够激励学生的自信心。可以说，音乐圈为教师与学生提供了一个相互学习、相互分享的交流平台。

资料链接：扫描二维码下载电脑端"啪啪音乐圈"

案例分享

啪啪音乐圈支持下的虚拟社区分享式学习

在新章节课程讲授后，教师要求学生在音乐圈中分享自己的课文朗读音频。教师在听学生音频的过程中，将发音标准、语调优美的音频分享到了自己的朋友圈，并骄傲地配以文字："我的学生录的！超赞！"值得一提的是，有的学生发现其他同学的配音是中英文混合的，他们特意询问老师如何能够做出这样的配音，希望自己也能够做出这样的作品。

案例分析：通过上述案例不难看出，音乐圈无论是对教师还是对学生，都能够起到激励的作用。学生优秀的录音分享，能够使教师获得成就感和满足感。学生在观看到他人优秀作品时，也能够激起比拼的激情，希望能够做到更好，从而使得学生能够不断学习、不断超越自己、不断进步。

（2）Edmodo

Edmodo 相当于中小学的 Facebook，教师和学生可以在其中分享视频、创建投票、设置讨论等等。可以说，Edmodo 将学校学习和社交网络有效、无缝地结合起来，为教师和学生营造了随时随地交流共享的空间。教师不但可以在课上与学生利用 Edmodo 进行交流，还能够在课后通过 Edmodo 进行分享。

资料链接：扫描二维码下载"Edmodo"

虚拟社区的分享式学习工具将学校学习和社交网络结合起来，使教师与学生、学生与学生之间能够跨越时间和空间的分界线。在此类工具中，教师可以了解每一位学生的想法与学习情况，学生也能够参考其他同学的想法，并通过相互评论形成思想的碰撞。教师和学生通过分享自己的观点、想法或作品，相互学习、相互激励，从而共同进步。但是也要提醒教师注意把控好学生在虚拟社区中分享的内容，以免学生偏离学习内容，开展与学习无关的活动。

2. 借助智慧教室促进协作学习

优化协作的一种好方法是允许学生在小组活动中使用教室中的移动设备。学生可以使用平板电脑分组合作，教师可以选择要在屏幕上显示的内容。对于只有很少数量的移动设备供学生使用的课程，这是一个很好的选择。有些知识教师可以单独讲授，也可以通过信息技术组合后讲授。借助信息技术，学生可以自己去摸索这些知识之间的区别与联系，通过与小组成员面对面的方式来进行写作交流。教师可以将课堂中难以实现的情境利用一些移动 App 加以实现。如在音乐智慧教学课堂中，iOS 版 GarageBand 软件能够将学生自带设备变成一套触控乐器和功能完备的录音工作室，使用 Multi-Touch 手势弹奏键盘、吉他以及创建节拍，可以像专业音乐人一样使用合成器弹奏和录音，以及进行一系列比较专业的音乐制作创作的操作。对于教师来说，在教学过程中使用其中简单、易操作的功能，会为智慧音乐课堂添彩不少。在"世界音乐"一栏中，有古筝、二胡、琵琶等乐器的演奏界面，画面真实，音色还原度也很高，还有一些特色的演奏技巧，例如：古筝的摇指、二胡的揉弦、琵琶的轮指等，都能在设备上模拟演奏。在课堂教学过程中，教师请一些学习各类民族乐器的学生进行简单的演奏，然后请他们分别担任不同的民乐组组长，招揽学员，而其他学生自主报名。在课后，学生在小组长的带领下，分组学习不同乐器的演奏。在之后的教学中，教师选择一首简单的器乐合奏曲，指定不同的声部演奏不同的内容，各组长分组教学。最后，组长与学员一起合奏，像一个真正的民乐队一般，体验合作的乐趣。

三、促进学生对知识结构的意义建构

在传统教学中，教师往往是将自己对于知识的理解传授给学生，以至于出现"学生直接使用教师的理解"的情况。通俗来讲，意义建构就是学习者在自己已有知识的基础上，主动对新知识进行选择、加工与处理，获得自己的理解而不是他人的理解。可以看出，学习者是知识的主动建构者，只有学生主动建构，新知识才能转化为学习者自身的知识。在教学中，以学生"被动接受"形式开展的教学往往会使得学生缺失一定的学习能力。

因此，在教学中，教师要通过一定的教学手段促进学生自主探究，同时要求学生学会分析和处理信息，要求学生能够将新旧知识加以联系，学会反思。通过情境与协作交流，学生可以利用一些知识建构工具，来进行分析比较，从而开展其对知识结构的意义建构。

促进知识建构的工具，普遍借助概念图、思维导图等形式，以发散式和节点式的结构，将文字和图画表达的信息连接起来。除了能够实现高效记忆外，还能够通过对颜色的高效利用极大地刺激大脑，以实现信息的快速传递。此类工具能够将思维可视化，以促进学生对事物之间关系的认知。借助此类促进知识建构的工具，学生的学习和记忆将由困难变容易、由缓慢变高效，从而实现深度学习和记忆。

1. 思维导图的引入

思维导图是一种将放射性思维具体化的工具，它有助于学生学习、理解、回顾知识。学生需要分析内容之间的隶属关系，然后借助思维导图，将不同的关系用层级或隶属的形式表现出来，并通过图像、颜色等形式建立一定的链接。思维导图呈现的是学生的思维过程，借助于这一工具，教师可以了解学生的思维路径，学生可以提高思维发散能力。同时，有序且可视化的图像组织，有助于加深学生对知识的理解，有助于学生理清思维脉络，最终实现知识的有效建构。常用的软件工具有 mindmanager、xmind 等。

凡　卡

教师在学生阅读"凡卡"一课时，设计了四个彼此关联的学习活动，要求学生用思维导图分别画出凡卡的"遭遇图"、凡卡的"渴望图"、凡卡的"结局图"和作者的"创作图"。第一幅图，呈现小说的主要内容有哪几部分，并通过着重阅读凡卡的书信了解他在莫斯科当学徒的悲惨生活，达成学习目标。第二幅图，通过凡卡在书信中对爷爷的哀求以及他对乡村生活的美好回忆来感受凡卡内心的渴望，进一步理解凡卡在莫斯科所受到的非人待遇。第三幅图，结合凡卡的梦境和爷爷的处境，预测凡卡的命运可能出现的几种结局。第四幅图，通过比较、讨论帮助学生领略契诃夫小说创作的魅力，感受《凡卡》作为经典作品的艺术价值，提高学生的文学鉴赏能力。[①]

上述案例中，学生为了完成学习任务，需要反复阅读文本。学生基于自己的理解，将从文本中收集到的信息进行处理，根据一定的规则来绘制思维导图。通过绘制，学生能够对文本内容进行"再思考"，有助于其对《凡卡》的系统化理解。

少年王冕

在"少年王冕"的预习任务中，教师要求学生结合文章内容绘制思维导图。学生绘制完成"少年王冕"的思维导图后，上传至全景课堂工具。学生、教师便可基于全景课堂工具查阅每一位学生绘制的思维导图。

师：同学们结合文章的内容制作了思维导图。老师发现，有两名同学制作的思维导图获得的点赞数最多，老师想请你们讲一讲，你们是怎么做的。

---

① 郭爱香. 基于核心素养发展的小学语文课程重构的实施策略［J］. 江西教育，2017（11）：37-39.

图 3-7 教师展示学生绘制的思维导图

生汇报，教师点评。

师：老师想问问其他同学为什么给他们点赞。

生表述点赞原因，教师进行总结。

资料链接：扫码观看"少年王冕"课程实录

上述案例中，教师要求学生在预习环节绘制思维导图，使学生在课前即对文章的内容和脉络有了明晰的认识。学生之间相互查阅、点赞和点评，还能够激发学生的学习动机，同时使学生接触到不同人对同一内容的不同思考和认识。本节课中的思维导图起到了一箭双雕的作用。

2. 概念图的运用

概念图通常是组织和表征知识的工具，它的出现基于奥苏贝尔的有意义学习理论。学生可以借助概念图工具，建立所学知识之间的联系，从而加深对所学内容的理解。将其运用于教学实践中，不但能够形象地展现教学内容，促进课堂交流与协作，还可以作为帮助学生有效复习的工具。值得一提的是，此类工具还可用于形成性评价和总结性评价中，用于检查学生的知识结构以及学生在哪些知识点上有欠缺，以为学生进行进一步指导或做出教学调整。常用的概念图工具有 Inspiration、CmapTools 等。Word、Powerpoint 也可以用来绘制概念图。

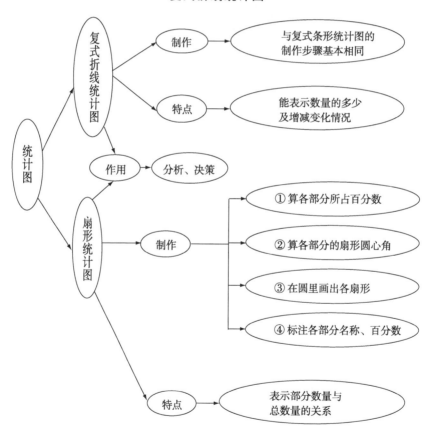

图 3-8　"复式折线统计图"授课概念图

如图 3-8 所示，学生在学习复式折线统计图之前，学习过一些统计图的特点、作用、制作流程等，教师可以在课前绘制好知识概念图，引导学生根据概念图复习学习过的扇形统计图、条形统计图，最后通过简单的知识回顾进入探究新知环节。"复式折线统计图"的教学重点是要求学生认识复式折线统计图，并了解复式折线统计图的特点。教师通过一些案例帮助学生认识复式折线统计图的特点、制作等，并通过与复式条形统计图、扇形统计图进行比较，绘制概念图来分析它们之间的区别，从而帮助学生更好地理解复式折线统计图。

由上述案例可以看出，通过概念图的呈现，学生可以一目了然地复习旧知和掌握新知，学生在学习的时候也能减轻学习负担和压力。通过概念图，学生将新概念"复式折线统计图"与原有概念"复式条形统计图"、"扇形统计图"之间建立各种有意义的联系，从而帮助学生更好地理解新概念和新知识。

如果请你在 3 秒钟之内记住数字串"978679688679"，想必可谓天方夜谭。但如果将上述数字串调整顺序，改为"999888777666"，那就容易多了。仅凭人脑，很难快速将信息重整，以实现更快捷高效的记忆和理解。这时，知识建构工具就可以很好地发挥出其优势了。当然，实践是检验真理的唯一标准。学生借助各种技术掌握的知识与技能，必须去实践、真实情景中进行应用与检验。

第三节　利用技术增强课堂师生互动

在这个时代，教育环境有很强的交互性、合作性以及连通性，即学习过程是不断建立外部"人际网络"、内外部"知识网络"和内部"神经网络"的动态过程，学习即"网络形成"，即"合作探究"。可见，这种教育环境有利于学生核心素养的培育。将信息技术应用于常态化课堂教学，可以为学生营造一种数字化、个性化、智能化的学习环境。这样的环境使得教学由"单向传播"向"双向互动"转变，为学生提供了更多参与互动的机会。

从本质上讲，课堂教学过程就是课堂师生互动的过程。师生间的有效互动可以扩大课堂学习的深度与广度，活跃课堂气氛。传统课堂普遍以教师授课为主，课堂中的互动主体往往限制于教师，很难真正转移至学生。师生间的互动行为仅能以提问、抽问形式展开，很难普及到每一位学生。为了弥补传统课堂中师生互动的不足，相关专家开发了用以增强课堂师生互动的工具。通过使用适宜的课堂师生互动工具，学生和教师之间可实现"一对一"、"多对一"等多种互动模式，在一定程度上增加了课堂师生互动的数量且提高了互动质量。

交互，无论是在同伴之间，还是在学生与教师之间，对于使学习过程更具吸引力都至关重要。互动式的课堂才是好的课堂。幸运的是，对于当今的教育者来说，有许多师生互动工具，使学习变得有趣。借助这些工具，教师可以增加学生的参与度，更好地调动课堂气氛，创造公平有效的课堂环境。师生互动工具随着人们对互动层次与互动深度的认识而演变。从最底层的关注动作、行为交换的操作互动工具，发展到更深一层关注语言、资源交换的信息互动工具。目前，已经开始应用关注知识建构的认知互动工具[①]。

一、操作互动工具

学生沉迷于技术和小工具，那么为什么我们不能在学习时使用技术来保持他们的参与度呢？信息技术并不是单单为教师的讲授而服务的，教师应尝试利用信息技术优化师生共同参与的学习空间。

操作互动工具就是辅助师生开展互动的演示类工具。例如，在传统课堂中，教师主要借助黑板来与学生互动，教师选择学生在黑板上书写理解过程，然后教师利用彩色粉笔或教鞭等工具进行点评。信息技术可以使师生的操作互动行为更丰富、灵活，如师生可以随意进行批注、截屏、拖放移动等操作。

---

① 李傲雪，刘向永. 国外师生互动工具的发展与应用述评 [J]. 中小学数字化教学，2017 (1)：87-89.

1. 利用电子白板进行操作互动

以教师常用的电子白板为例，很多教师仅仅把电子白板当成了另一块"演示屏"，忽略了其交互功能和测评功能等导致它不能很好地发挥作用。教师应充分发挥信息技术的作用，通过信息技术让学生积极地参与课堂教学，提高学生的学习能力。常见的电子白板品牌有鸿合、motuview、Smart、希沃等。

资料链接：希沃电子白板基础教程

教师可以使用电子白板，将图片及声音文件存入白板的图库与媒体库中。以讲绘本故事为例，教师通过利用信息技术可使绘本"动"起来。例如，教师通过使用聚光灯工具让幼儿的视线跟随教师移动聚光灯的可视部分而移动，故事发展到什么情节，教师则移动聚光灯使某一情节可视；如图 3 - 9 所示，

图 3 - 9 绘本活动中使用白板的放大镜功能

使用放大镜功能，让幼儿更清晰地观察到每一个故事人物的表情；使用遮罩功能，让幼儿猜测绘本中正在发展的情节；等等。媒体素材的使用，可以高度吸引幼儿的注意力，让其从视觉和听觉上都更清晰地感受到绘本故事的乐趣。教师创设了图画再现情境，丰富了绘本，让孩子们通过看"动画演示"，对这个阅读活动表现出极大的兴趣。

2. 利用平板开展互动

平板互动教学即教师利用手机或平板电脑远程控制一体机或投影仪的屏幕，实现移动教学。借助平板互动功能，教师可以在教室的任意一角对大屏幕进行操作，如播放课件、播放视频、打开摄像头、聚光灯展示等，它是信息化课堂的一个得力助手。利用平板互动软件，教师可以进行多屏互动，如将移动端的画面投放在大屏幕上、把教师端的操作界面投送给幼儿等；教师可以远程遥控大屏幕，如利用移动端控制大屏幕或把大屏幕的画面投屏给学生等。平板互动教学可以使得课堂更和谐，提升幼儿的课堂学习兴趣，提高教师的教学效率与教学质量。

资料链接：使用平板电脑开展课堂教学三步教程

3. 借助小工具开展操作互动

借助信息技术，教师可以为语言活动配上生动形象的声音和动画，借助画面引导学生进行表达，激发学生的语言感知。信息技术使得教学内容能够更加直观形象地呈现出来，使学生获得更加丰富的学习体验。然而很多教室还没能配备电子白板或者平板电脑，教师可以在多媒体电脑中安装一些小工具来实现电子白板的功能。教师如果需要用电脑给学生做演示，无论是投影还是直接用屏幕，Zoomlt 都是一款很好的工具。Zoomlt 不仅能够提高演示效果，还可以令学生有眼前一亮的感觉，从而激发学生的学习兴趣。通过

Zoomlt 的屏幕放大功能，教师可以清晰地向学生展示屏幕的细节。如教师需要，还可以对屏幕内容进行画线或输入文字等标注。值得一提的是，Zoomlt自带计时器功能，教师可以设置倒计时小活动，激发学生的学习兴趣。

资料链接：扫码获取 Zoomlt

二、言语互动工具

在传统教学中，师生互动往往是以言语形式进行的，教师往往是处于"控制"的一方，课堂教学往往是教师单向传递信息，也就是说，师生之间的交互往往是单向的。将信息技术融入课堂教学，打破了我们对旧的知识传播方式的固有认知。信息技术改变教育的一种方式是信息技术为教师提供了更大的"访问空间"。借助信息技术，教师可以随时随地与学生开展互动，改善协作，使更多的学生参与进来，最重要的是使学习变得有趣。

言语互动工具是辅助教师进行问答反馈的工具，这是教师使用的工具，可帮助教师评估学生对概念的理解。使用某些工具，教师可以在学生实时回答问题的同时将问题投到他们的屏幕上。学生的答案会显示在教师的手机屏幕上，教师可以看到哪些学生的答案正确，哪些学生的答案错误。这样，可以使教师准确了解学生是如何理解这些信息的，并相应地调整他们的课程。

1. 利用言语互动工具可以鼓励学生参与

我们知道，提出问题或呼吁学生讨论一个话题通常会使他们感到紧张。在这里，一些言语互动工具可以为学生提供表达自我的机会。

当教师提出问题时，尽管知道答案，总会有一些学生不回答。允许学生使用他们的移动设备在线发表他们的评论和疑问，肯定会吸引害羞的学生并获得回应。例如 GoSoapBox 是为教室设计的聊天室。教师可以发布不同类型的问题，供学生实时回答。GoSoapBox 的好处是它鼓励学生互动。对于学生来说，它可以是匿名的，因此他们分享答案时会更自在。教师可以看到谁在回答，但是其他学生不知道谁在说什么。这是给学生发声的好工具，可以改善教师和学生在课堂上的交流。

最 优 日 记

师：课前，你们选出了组内最优日记。那这篇日记为什么能评为组内最优呢？一定有你们的理由。下面，请各组派代表说一说，其他组员可以进行补充。

组长将组内最优日记投在小组分享屏上，组员说明推荐理由。

师：每篇组内日记都非常精彩，难怪被评为组内最优日记！6 位小朋友，你们的日记得到了组员们的肯定，恭喜你们获得组内最优！有信心挑战"班内最优日记"吗？今天老师还请来了一大批专家做评委，他们就是所有的听课老师，让我们欢迎他们！

师：请组长将组内最优日记发到班级群。提醒一下：每篇日记都有一个序号，在图片的右上角，如果你喜欢这篇日记，记住它的序号，投票时就投相应数字的选项。请小朋友们点开并认真阅读。请老师们稍微等一下，我将日记转发到我们刚建的群里。

师：投票时间到了，你喜欢几篇日记，就可以投几篇。

老师和学生分开投票。（学生、老师分别扫描大屏幕上的二维码，开始投票）

师：激动人心的时刻到了！我们先来看看小朋友的投票结果！

师：支持这篇日记的小朋友，来说说你欣赏的理由。瞧，植物的颜色、形状、大小、数量，小朋友把自己的感受都生动具体地写了出来，这么精彩的日记自然会受到大家的喜爱！

师：让我们一起来读读这篇日记。

学生齐读日记。

师：现在，我要来采访一下×××，你有什么感受？这么精彩的日记是怎么写成的呢？

学生交流讨论。

师：老师们最欣赏的是哪篇日记呢？

在以上的教学环节中，学生、老师的互动性极强，通过 QQ 群扫描二维码，轻松完成投票。与传统纸质投票相比，该种方式可直接通过在线调查系统查看投票结果，数据统计与分析快速，结果呈现直观，使教学实现多元化的评价。

2. 利用言语互动工具即时反馈学生情况

传统的课堂上，通常以教师为主导，学生亦步亦趋，师生间互动交流频率低、效率低。教师在台上不停地讲解知识，然而对于学生是否听懂、知识掌握的情况如何却不得而知。

利用言语互动工具，教师可以随时编辑互动答题（如投票、评价、匿名开放、拍照、选择、判断、简答等多种题型），实时分析互动答题情况，一键提取学生有效观点，及时检验教学效果。教师可以在大屏幕上呈现要回答的问题，学生利用移动设备进行回答。通过这类工具，教师可以在教室前的屏幕上实时为学生反馈他们的回答情况，学生可以根据回答情况，思考自己的回答与其他同学的答案之间的异同点。这样做有两个好处：一个好处是教师可以根据学生的实时回答来开展针对性的讲解，虽然会使得课堂教学内容有所减少，但在一定程度上增强了学生对所学知识的记忆和理解；另一个好处是学生可以根据屏幕上的回答，随时开展讨论，分析其中存在的问题并提出建议，可以帮助学生查漏补缺。如 Plickers 是一款即时学生反馈系统。使用方法特别简单，教师只需要一部智能手机和一些 Plickers 专属的编号卡片。学生回答老师的问题时只需要拿起相应的卡片，老师用智能手机一扫就能得到学生回答情况的统计结果。

图 3 - 10　学生举起卡片回答问题

图 3 - 11　教师扫描卡片收集答案

　　如上图所示，只需在智能手机上安装一个 Plickers App，再打印几十张卡纸，教师就能利用 Plickers 有效促进课堂交互。Plickers 不但能让老师实时掌握所有学生的反馈信息，以合理安排教学，还能调动学生积极性。对于一些内向的学生，Plickers 可以让他们不避讳，大胆出示答案。因为每位学生的图案都不一样，所以也不用担心同学之间相互抄袭答案。

　　资料链接：扫码获取 Plickers

由此可见，言语互动工具充分体现了学生的主体地位。利用言语互动工具可以拉近师生距离，提升师生交流速度，使课堂更加开放、多元化，使学生拥有了更多展示、表现、合作的机会。

三、信息互动工具

教学与学习离不开信息交流与共享。传统课堂中师生的信息交流多是以讲授形式开展的，信息互动工具非常适合常规教学。这里我们主要介绍资源互动工具和游戏互动工具两类。

1. 资源互动工具

以往的教学中，教师多是以导学案或者课件等形式来向学生展示一些课堂教学资源。信息技术的发展使得教师为学生实时共享学习资源成为可能。资源互动工具就是帮助学生分享教学与学习资源、学习制品等的工具。

例如，"微信大屏"是一款可以将微信群聊内容显示在大屏幕上的软件。日常生活中，我们在举办一场交流会的时候，会有很多人同时加入一个微信群中发表自己的意见，但很多人发言并不代表发言信息都会被别人看到，所以展会需要提供一个大屏幕来展示众人的微信消息。使用微信大屏幕就可以直接把微信的消息内容经过处理后显示在一个大屏幕上，以便把交流的内容更好地展示给所有人。同样，教师也可以结合教学内容适当引入微信大屏幕，辅助教学。

英语：Unit 7 At weekends

在译林版英语五年级上册"Unit 7 At weekends"中，需要讨论"What do you do at weekends?"的话题。课前，教师使用"微信大屏"客户端设计此次教学主题，当课堂进入讨论分享环节时，教师出示主题二维码，学生通过手中的智能终端设备——平板电脑，扫描二维码进入个人输入界面，即可自由回答：I usually fly a kite and have a picnic. I often have dinner with my grandparents. I sometimes go to the park. I always have dancing lessons... 这时，老师还能巧妙地利用现场生成的资源进行"大家来找茬"的游戏，让大家在相互合作中完善自己的语言表达。

在上述案例中，每位同学的周末生活跃然大屏，学生除了欣喜地看到自己的文字，还能在欣赏他人的文字时不断扩宽思维。

同时，一些资源互动工具可以向教师反馈学生的学习进度，以帮助教师合理安排课堂活动。还有一些平台通过课外资源和信息互通互换的方式，帮助学生建立自己的学习社区，和有着同样学习需求的其他同学进行学习内容交流。如蓝墨云班课 App。针对某一具体的班课，教师可以上传各类资源，包括图片资源、文档资源，还可以添加网页链接来使用网络资源，以及从教师的资源库中选取之前使用过的资源。教师还可以对班级成员的信息进行查看，且添加一系列的教学活动。

资料链接：蓝墨云班课网页版 https://www.mosoteach.cn/

资料链接：蓝墨云班课移动端（手机扫码下载）

2. 游戏互动工具

哪个孩子不喜欢玩游戏？研究表明，视频游戏可以提高学生的学习水平，因此引入一些教育性游戏可能并不是一个坏主意。这使您的学生每天都可以应用和测试所学内容，并激发他们相互挑战，继续在教室外学习。使用教育游戏是使学生渴望学习的最好方法之一。游戏互动工具就是辅助教师开展游戏以进行信息交流的工具，它可以将知识讲授环节或评价环节与游戏结合起来，如一些工具提供了随即点名、倒计时、选题神器等功能，提升了课堂的趣味性。

使用 iPad，教师可以让学生参与几乎所有学科的各种教育游戏。学生可以跟踪自己的进度，并努力与其他学生竞争，以达到更高的水平。iPad 互动游戏可以极大地保持学生在这个过程中的探索兴趣，使学生在探索的过程中体验学习的乐趣。在这个过程中，通过利用平板电脑，提高了教学的互动性，提升了学生自主学习的兴趣。同时，利用信息技术，可以有效地增强学生在学习过程中的参与度与公平性。

科学活动案例：我们的身体

在带领幼儿学习身体的组成时，教师可以使用 iPad 进行教学。在课堂开始前，教师制作好本节课所需的音乐（《我的身体都会响》）、视频与课件，确定好课上会使用的 App 等软件，并进行提前下载。在课上，教师首先播放音乐《我的身体都会响》，带领幼儿一起做游戏，了解自己的身体部位。然后教师带领幼儿一起玩游戏课件，并利用 iPad 的 Airplay 推送功能，将一名幼儿的操作流程等投送到白板上，让其他幼儿了解他是如何操作的，教师提出这个幼儿在操作中的不足，带领幼儿一起分析，共同解决。最后，教师可以在屏幕上展示一些行为的图片，告诉幼儿，在日常生活中要学会爱护自己的身体。

在这个案例中，教师充分利用了平板电脑的优势，利用平板电脑内的现成游戏课件，采用游戏化的方式，让幼儿独立探索、参与，使幼儿在玩、找、拼等过程中熟悉自己的身体部位，了解不同身体部位的特征与作用。

剥豆豆旨在帮助学生设计课堂问卷和课堂测验。它便于收集作业和研究数据，获得同学们的反馈。Kahoot! 营造出的游戏感更容易激发学生的好奇心和使用兴趣。但是，因 Kahoot! 的服务器在国外，时常会出现禁止浏览的情况。即使教师进入 Kahoot!，由于软件是全英文，对于除英语以外的其他学科老师，如果英文能力有限，则很难熟练操作。因此，我们找到了一个替代品——剥豆豆，其功能可一比一还原 Kahoot!。

图 3 - 12　剥豆豆界面

资料链接：扫描下方二维码下载"剥豆豆"

官方网站：http://get.bodoudou.com/

四、认知互动工具

在传统教学中，教师很难了解学生的知识建构情况，同时，教师也无法确认学生是否对教学内容有着整体的认识。认知互动工具就是师生表征知识结构，并进行内化重建的工具。这类工具通常是利用可视化的方式来允许师生分享自己的思维过程，并构建自己的知识结构。通过可视化，师生可以更为直观、清晰地理解对方想要表达的内容，并基于此开展意义建构。如

Inspiration，是很常见的认知互动工具。值得注意的是，认知互动工具并不适用于大范围教学。

如 Padlet 是一款简单实用的电子交互墙。每面墙都是一个独立的网页，双击或者直接拖拽一张照片就可以在这面墙上创造一个单元，其中可以任意添加标题文字等。最重要的一点是，Padlet 支持多人同时协作编辑同一面墙。教师可利用这一特性，收集来自学生的观点、想法等，以促使学生发散思维、深度思考。Padlet 弥补了传统课堂中教师难以获取全班同学主观答案的不足。

资料链接：扫描下方二维码下载"Padlet"

语文写作教学

教师引导学生观察静态的秋叶，并进行交流，为写景片段打下基础，创设情境。随后，教师要求学生借助 Padlet 用 50～80 字描写一种或多种秋叶的美。

图 3 - 13　学生在 Padlet 中发表文字

学生借助 Padlet 发表自己对秋叶的描述。所有学生的写作片段将呈现在同一面 Padlet 交互墙上，教师可以快速获得来自所有学生的反馈回答，了解全班同学的写作水平和对秋叶的感受。学生也能够看到其他同学的回答，从而相互交流与学习。

头脑风暴教学

教师将全班学生分为均等的几个小组，由小组确定议题，每个小组协作思考议题。小组成员在相应的 Padlet 墙中敞开思维，畅所欲言，开展头脑风暴。

学生小组之间可以在 Padlet 中针对自己组内的议题开展头脑风暴，每个人的想法都将呈现于 Padlet 的交互墙中，学生可以通过思维的碰撞不断激发新的想法。小组头脑风暴的全过程也将记录于 Padlet 交互墙中，极大地促进了生生之间的互动。

课堂师生互动是课堂教学过程中最重要的内容，但是传统课堂却在一定程度上限制了师生间的有效互动。信息技术进入课堂，给课堂带来了更多新技术和新发明，教师可以利用工具增强课堂师生互动。无论是通过激发学生的学习兴趣，使学生积极参与到互动中，还是通过拓宽互动的范围，使每一位学生亲身体验互动，都能够增强传统课堂师生互动，促使更多有效互动的产生。因此，教师可思考根据实际需求，选择合适的课堂师生互动工具，使课堂师生间的互动更加方便、快捷、高效。但值得注意的是，教师需要确保信息技术的稳定性与师生操作的熟练性，否则信息技术反而会阻碍师生互动。

第四节　利用技术分析学习数据

随着物联网、人工智能等技术的迅速发展，各行各业的数据化趋势愈发明显，教育也不例外。有学者认为"教育大数据将重构教育生态系统，宏观层面为教育决策提供科学依据，中观层面推进教学管理和评价的创新实践，微观层面为个性化教学提供精准支持"。[①] 教育实施过程中会产生大量的教学数据，以往这些教学数据并未得到充分利用，教师浪费了众多提升教学质量的机会和资源。随着大数据、云计算等新技术与教育的持续融合，这些教学数据资源可以得到充分利用。学习数据分析工具可以反馈常态教学中学生学习目标的达成程度，诊断学生学业水平及能力的缺失，诊断教师教学行为及命题改进等等。教师可以充分对学生课堂学习数据开展采集与分析，评价与反馈学生的学习过程，对学生进行个性化辅导等，为学生课堂学习提供全方位的推动和促进，帮助学生对自身学习程度进行充分正视，将课堂教学情况进行清晰解剖。

一、变模糊为精准，开展精准教学

一线教师最畏惧的并不是上课，而是批改作业、批改试卷，以及如何通过学生的作业或试卷把握学生当前的学习状况。每天重复批改工作，使教师难以将更多精力付诸课堂教学中，也很难在短时间内总结出学生错误的共性，以导致反馈延迟。

1. 学情诊断

学情分析，主要是指利用工具对学生课前预习情况及课堂知识学习掌握情况进行测评。学情分析是以科学的统计分析方法及先进的教学设计理念为支撑，有效解决教学数据采集、自动统计分析等教学中的常见问题，通过对数据进行深度挖掘，多维度对教师的教学质量以及学生的学习进度、学习情况等进行科学的、详细的统计分析，从而有效地监控、诊断和反馈学生的学

---

① 吴忭，顾小清.教育大数据的深度认知、实践案例与趋势展望：2017 年"教育大数据应用技术"国际学术研讨会评述 [J].现代远程教育研究，2017（3）：11-17.

习质量和学习情况。

　　借助大数据技术产生的学习数据分析工具，教师可以高效、轻松地获取与学生学习相关的数据统计，以便于了解当前学生的学习情况，并尽快进行下一步的教学决策。此类工具不但可以分析学生相关学习任务的完成情况，还可以记录学生学习过程中的学习路径。教师可以根据工具中的数据记录，分析学生在任何一段时间内的整体的学习情况，真正实现教师减负、教学高效。例如，教师可以借助一些常态化试题数据的软件或平台来实现减负增效。如极课大数据、作业帮等，这些平台可以很好地避免作业和试卷点评费时费力、难以抓住重点的情况，通过全方位的数据分析统计，让教师明确学生的易错点以及高频错题，从而指导教师更为精准地开展教学。

　　学习数据分析工具可对学生试卷进行自动批改，并通过数据化图表呈现学生的答题情况。它不仅可以针对个体进行分析，还可以形成集体学习结果分析，如某班级成绩分析、某年级成绩分析等。工具的分析结果包含整体平均分、单科平均分、学生通过率、得分率等，可以帮助教师有效诊断学生的学习问题，开展精准教研、精准出题。

极课教师系统

　　教师通过使用极课教师系统可以查看到系统生成的学生成绩和答题正确率的相关数据，如图 3 - 14 所示，该图是管小庆老师教学"交变电流"时的学生作业情况。基于极课大数据提供的信息，管老师可以得到以下信息：(1) 管老师所在班级的学生作业中每道题的正确率；(2) 此次作业中哪些题的正确率较低，学生都错选了哪些选项；(3) 哪些学生将这道题做错了，以及错在了哪个选项；(4) 每个学生的详细得分情况等等。

题号	年级平均分	A 班	B 班	C 班	D 班	E 班	F 班	G 班	H 班	I 班	J 班
1(6)	5.68	5.5	5.4	6	5.4	5.6	5.9	5.9	5.9	5.6	5.7
2(6)	5.61	5.2	5.8	6	5.3	5.7	5.1	5.8	5.7	5.5	5.9
3(6)	5.48	5.1	5.5	5.7	5.4	5.4	5.4	5.6	5.7	5.6	5.5
4(6)	5.43	5.2	5.9	5.7	5.2	4.7	5.4	5.5	5.5	5.4	5.85
5(6)	5.38	5.5	5.4	5.7	5.5	5.1	5.3	5.6	5.3	5.4	5
6(6)	4.23	4.3	5.3	5.7	4.7	3.4	4.1	3.3	3.6	4.7	3.4
7(6)	4.03	3.7	5.3	4.1	4.3	3.3	3.2	4.9	3.3	3.1	4.9
8(6)	4.1	2.9	4.6	5	4.7	4.7	3.7	5.1	4	3.3	2.9
9(6)	3.75	3.5	5.2	5	4.3	3.2	2.8	3.9	2.9	3.1	3.6
10(6)	3.79	3.7	3.7	4.6	4.8	3.7	3.2	4	4.5	2.9	2.9
总平均	47.48	44.6	52.1	53.5	49.6	44.8	44.1	49.6	46.4	44.6	45.6

图 3 - 14　极课大数据系统界面

如上述案例所示，教师可以利用极课大数据，对学生的数据结果进行进一步的分析，并基于分析结果进行教研，分析学生的学习情况，调查不同班级的教学效果的差异，然后根据教研结果展开针对性的训练与教学。

资料链接：极课教师下载

https://teacher.fclassroom.com/login/noie.html

安卓版　　　　　　iOS 版　　　　　　PC 版

2. 精准出题

"中国高中作业一年布置 3 亿多字，卷子连起来可绕地球 3 圈，连续 9 年全球数量第一。"这略带戏谑的网络段子反映出在传统教育模式下，学生们想要取得好的成绩需要"题海＋汗水"。学生做题，老师必然就要出题。日常教学中，出题占老师很大的工作量，经常会有章节测验、周测、月考等出题任务，搜索、选择、编辑题目的过程会占用老师大量时间。况且，老师给学生布置的都是同一张卷子、同一份作业，要想实现大班个性化分层教学往往要花费老师更多的时间和精力。

在实际教学中，教师往往是针对整个班级学生情况统一布置作业并进行统一批改。而有了大数据的分析帮助，老师可以做到对每个学生的个性和特点都充分了解，为每一位同学有针对性地布置个性化作业，进而实现几代教师的教学梦想——因材施教。一些作业平台可以帮助教师很好地解决这些问题，如作业盒子、作业帮等，教师可以借助这些平台直接布置作业，客观题学生可以直接在平台中填写，主观题学生则可以手写拍照上传，既减轻了学生的"书包负担"，又能避免学生"忘带作业"的现象。同时，通过移动办公，大大改善了教师的教学体验。这些平台将教师从办公室中解放出来，通过海量的题库资源，有效提高了教师的作业题目选择效率，而平台的自动批改功能，也大大减轻了教师的批改负担。

案例分享

数学习题练习

在课前准备阶段，教师通过作业盒子向学生推送数学计算题目，并要求学生在指定时间内完成。在学生答题过程中，教师通过作业盒子的后台监控学生的作业完成度。规定时间后，教师根据作业盒子的答题统计情况，公布完成题目最快且准确率最高的学生名单，并给予他们奖励。同时，学生可以通过平台来了解其错题情况并进行订正，借助平台开展知识点的复习等。

作业盒子节约了教师编制题目的时间，教师可以选择合适的题目推送给学生。学生答题后，教师即刻获得学生答题的统计情况，并据此为学生提供实时的反馈。本课例中，教师对答题又快又好的学生给予及时的表扬与奖励，有利于激发学生学习的积极性与主动性。

二、变共性为个性，促进个性化教学

两片看起来形状、大小一样的树叶，它们的叶脉却往往会大有不同。同理，两个考试成绩相同的学生，他们的各项学习能力并不会一致。教师不可能根据统一化的作业来了解所有学生。学生在学习过程中会产生海量数据，借用大数据的分析手段，将数据转化为有价值的教学指导原则，通过对学生学习数据的采集、分析、处理，了解不同学生在学习过程中的差异，以便为学生提供更加适合他们的教学。

1. 即时反馈

面对目前班级授课制的教学组织形式，仅靠课堂的 40 分钟时间，显然是难以实现学生从共性化学习到个性化学习转变的。大数据时代，教师可以借助学习类数据分析工具，将学习时间向课前和课后有效延伸，为学生实现个性化学习创设条件。借助数据分析工具强大的记录功能和数据分析功能，教师可以全面精准地了解学生的学习情况（包括学生个体情况以及班级集体情况），并在此基础上，针对不同的学生布置个性化的学习任务，实现学生个性化学习，提升学习实效。

除了备课、上课，每天批改纸质化作业、试卷占据老师太多时间和精力。其实各类作业和考试都是教师判断学生知识点掌握程度以及是否跟得上学习进度的方式。教师可以借助学习数据分析工具，利用平台的自动批改功能对学生完成情况进行高效统计，直接减轻教师的工作量。除了上面我们提到的一些作业平台，教师常用的 QQ 也可以实现这一功能，QQ 群中内置的作业功能也被当前中小学教师所广泛应用。QQ 群作业将发布作业、批改作业、分析数据、语音评分整合于一体。只需建立一个 QQ 群，就可以实现高效的作业发布和上交以及作业数据的分析，如图 3 - 15 和图 3 - 16 所示。

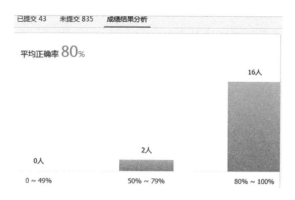

图 3 - 15　QQ 群数据分析界面（1）

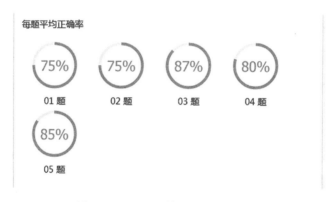

图 3 - 16　QQ 群数据分析界面（2）

英语口语练习

　　四年级六班的英语老师在班级 QQ 群中发布了语音作业，要求学生提交语音朗读作业。作业发布后，学生即可在 QQ 群中查看教师发布的要求细则，并在 QQ 群中完成和提交作业。随后，教师便可直接在 QQ 群中实现对学生英语语音的批改和矫正。此外，教师还可随时查看学生的作业完成情况。如

图 3 - 17 所示。

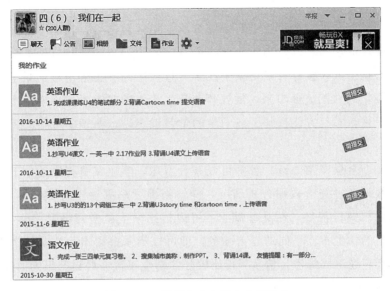

图 3 - 17　教师在 QQ 群中布置作业

　　QQ 是我们最熟悉的通信软件，因此，教师和学生使用起来更为上手，也更容易被师生所接受。教师可以随时查看学生上交作业情况，并可给予学生及时的反馈，不但实现了高效的数据统计分析，还能够满足教师对学生的实时反馈。

　　借助这些学习数据分析工具，教师可以一键将试题推送至每一位学生。在学生作答的过程中，系统便可实时自动帮助教师统计和分析全班的答题情况，并将每道题目的答题详情以饼图或直方图的形式呈现给教师。教师可根据学习数据分析情况，给予学生及时的指导和反馈，助力高效课堂。

　　2. 个性化定制

　　在以往的教育教学过程中，教师多是在课堂进行集体的大班教学，由于学生多、时间紧、教学任务重，很难关注到班级内的所有学生。教师往往会给学生布置很多试卷作业来帮助学生巩固所学的知识内容，一些细心的同学或许会将不同学科、不同阶段、不同单元的试卷按照一定的规则进行归纳整理,但绝大部分的学生则是"写一张丢一张"。近年来,信息技术的发展为实现个性化教学提供了可能。教师可借助多种技术手段获取学生数据信息并深入分析,从而对每一个学生进行跟踪分析,使得教师可以精准了解某个学生在某一阶段的学习状况,为每个学生量身定做学习方法。如极课大数据这样的学习数据工具,教师可以将学生在学习过程中的数据等统统记录下来,并通过可视化的方式呈现出来,供教师和学生本人随时查看。将学生学习轨迹可视化呈现,不仅方便教师了解学生的学习近况,也给予学生很大程度的正向鼓励。

如借助全景课堂 App,教师可以布置习题,学生在线答题后,工具即时反馈。教师通过查看数据分析情况,能够精准了解哪些学生掌握得不太好,哪些学生掌握得很好,在此基础上,可以根据学生的学习情况将学生分组,给不同组的学生布置不同的学习任务,即可以给掌握得不太扎实的学生布置一些同类习题巩固练习,给掌握得比较好的学生布置一些提升思维的提优题,实现个性化学习。

再如借助狸米学习 App,学生在线完成练习后,就能得到及时反馈。学生可以查看自己的错题和错题解析,反思自己的学习,评价自己的错题原因。在此基础上,数据分析工具记录每个学生的错题,并自动为每个学生提供同类错题让学生订正,直至学生学会为止。同时,狸米学习 App 还能记录学生的每次学习情况,自动形成一个电子错题库,在实现个性化学习的同时提高学习效率。

三、变单一为多元,助力多元化评价

云计算、大数据、人工智能等技术的飞速发展,使得教育也发生了质的飞跃。数据时代,"用数据说话",以课堂教学评价为例,大数据可以精准记录每位学生的出勤率、回答与提问次数、每道练习题的完成时间与得分、走神次数等，然后以可视化的仪表盘方式一目了然地呈现给任课教师[①]。数据分析工具，其强大的数据记录功能和分析功能，能准确地记录学生的学习情况，"看"到学生的发展，为科学全面地评价学生提供了依据，也丰富了评价内涵，更加关注对学生的过程性评价，标志着对学生数学学习的评价从单一变为多元。

1. 多元化评价学习结果

大数据时代，学习类数据分析工具强大的记录功能和数据分析功能给我们的教学课堂注入了活力，变革着教学和学习方式。教师能第一时间全面、精准、科学地掌握学生的学习情况，也让学生个性化学习和多元化评价成为可能。

一般来说，对学生的评价可以从学习效果、学习习惯、生活习惯、学习主动性等多个方面、多个维度进行。对学生学习效果的评价可以依托答题形式的数据分析工具，记录每次答题时间、订正次数、答题正确率等；对学生学习习惯、生活习惯、学习主动性等的评价可以借助积分形式的数据分析工具，记录一天积分、一周积分、一月积分，甚至是一学期的积分。利用一些学习分析工具如狸米学习 App，对每位学生每课的学习效果、一个单元的学习效果、一个学期的学习效果进行准确的记录和精准的分析。教师在平台中创建班级，并选择相应年级的练习册发布在班级，也可以根据班级学生的情况选择习题发送给学生，学生通过登录平台完成老师布置的习题。每个学生可以查看自己的答题情况分析，教师不仅可以查看每个学生的答题情况分析，也可以查看整个班级学生的答题情况分析。

班级优化大师

如图 3 - 18 所示，第一幅图显示的就是一个学生一周的数据，而第二幅

---

① 杨现民，陈世超，唐斯斯. 大数据时代区域教育数据网络建设及关键问题探讨 [J]. 电化教育研究，2017（1）：37-46.

图显示的是一个班级的数据分析，97%的同学被表扬，还能清楚看到本周和上周的最佳学生、最佳小组、进步学生等等。笔者在任教班级使用班级优化大师近两年，发现运用班级优化大师记录学生学习数据，不仅能多元化评价学生的学习情况，也大大提高了学生学习的积极性和主动性。

图 3 - 18　班级优化大师

如图所示，借助班级优化大师这个 App，教师可以根据需要创建不同的评价标准，对学生的多个方面进行较为全面的评价。教师登录班级优化大师教师端，创建班级，邀请班级学生加入，还可以邀请班级里的任课老师加入，并创建评价标准，根据学生的表现，每天给出相应积分。每个学生可以登录班级优化大师学生端，随时查看自己的积分。教师可以按天、按周、按月、按年查看每个学生的数据分析，也可以查看全班产生的数据分析。

2. 综合评价学生学习

新技术为课堂教学数据的采集、学生学习过程的评价与反馈提供了新的课程。如在智慧课堂中，学生会开展一定的数字化学习，这类学习往往会在一定程度上增加教师的监控和约束难度，而且学生也容易在数字化学习中"迷失"，因此，我们需要借助一定的学习分析技术，测量、收集、分析和报告学生的学习过程，综合评价学生的学习。

从信息系统的视角来分析，课堂教学实际上就是教师、学生借助于信息媒介进行信息交换、传递、接受、互动的信息过程[①]。数据分析工具可以对学生的真实学习数据进行采集，采集的数据主要包含外在数据（学习行为、学习兴趣、学习路径、学习偏好、学习风格）和内在数据（自学能力、辨识能力、协作活动、社会活动、阅读活动）。将以上两部分数据综合，就产生了真实数据的评价链。图 3-19 是借助全景课堂分析工具开展的具体的学生综合评价模型。

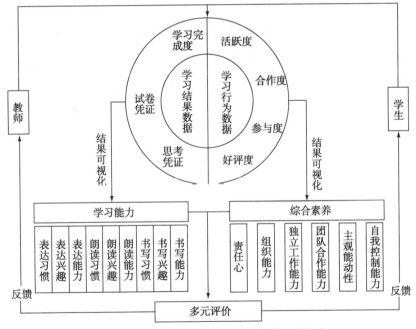

图 3-19 基于数据驱动的学生综合评价维度

---

① 孙曙辉，刘邦奇，李鑫. 面向智慧课堂的数据挖掘与学习分析框架及应用 [J]. 中国电化教育，2018（02）：59-66.

借助信息技术增强教学效果，想必是教与学变革中最易实现、最简单的做法了。教师只需要根据实际需求和教学目标，选择相应功能的技术即可。尽管技术的介入仅改变了课堂中的某一环节、某一细节，甚至是某一个小点，但细微的改变却为课堂教学带来了极大的变革，也为教师和学生带来了极大的便捷。信息技术优化课堂教学并非简单地利用技术"复刻"传统教学，只有将其应用融入精心规划的教学设计中，才能更充分地发挥出信息技术的作用。为避免技术"喧宾夺主"，教师应在教学设计方面多下功夫，考虑各个环节的设计意图以及信息技术在其中的作用。只有这样，才能真正实现利用信息技术优化课堂教学。

随着技术的发展，承载着各种功能的新型工具正在不断涌现，对于信息化时代的教师来说，应具有不断学习新技术的能力。这就需要教师在生活和学习中具有一双慧眼，能够发现行之有效的技术工具，并能够思考如何将这些工具用于教学中，以及如何利用这些工具增强教学效果。在数字化学习环境下，将各式各样的工具引入课堂是很容易的，而如何将这些工具用到合适的位置，并发挥其独特的效用，才是一线教师需要着重思考和设计的重点。

第四章

教师怎样用信息技术转变学习方式

教师在实施课程时要更新教学观念，创新地运用信息技术，充分发挥信息技术的优势，为学生的学习和发展提供丰富的教育环境和有力的学习工具，转变学生的学习方式，培养学生新时代的核心素养。

第一节　基于信息技术的探究性学习

一、探究性学习的内涵与过程

基础教育课程改革特别强调学生探究性学习，提倡"转变单一的被动接受式的学习，把学习过程之中的发现、探究等认识活动凸显出来，使学习过程更多地成为积极发现问题、提出问题、分析问题、解决问题的过程"[①]。

探究性学习是指学生通过确定探究主题，在创设的探究情境中，开展有组织的探究活动，展示探究成果，从而获得知识和技能，形成探索精神，培养批判性思维品质和创新能力的学习活动。探究性学习具有开放性、自主性、过程性、实践性和任务驱动性等特点。

探究性学习一般需要经历以下四个基本阶段：提出或生成问题，围绕问题提出和形成假设，收集证据、形成解释，交流和评价（如图4-1）。其中，"围绕问题提出和形成假设"是探究性学习的关键。[②] 也可以将探究性学习过程粗略地分成提出问题、探究活动、表达交流三个环节。探究活动包括提出假设和形成解释两个过程。

什么情况下选择探究性学习方式呢？可以从以下三个方面考虑：一是学生的学习能力能否支撑探究性学习；二是学生的学习效率；三是探究的内容有没有创新价值。同时，考虑到基础教育阶段学生的学习任务、学习时间、学习条件、探究能力等多方面的原因，开展探究性学习的次数不宜过多，建议一门学科一学期开展一次。[③]

---

①　余文森.简论学生学习方式的转变 [J].课程·教材·教法，2002（1）：25-26.

②　余文森.论自主、合作、探究学习 [J].教育研究，2004（11）：27-62.

③　谷生华.探究性学习应处理好几个关系 [J].重庆教育学院学报，2005（2）：74-76.

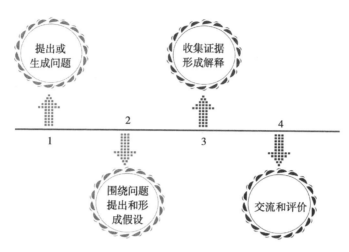

图 4 - 1 探究性学习的四个阶段

二、开展探究性学习的教学策略

对于探究性学习的教学策略，在每个学段、每个学科，一线教师都有相关的不同见解。在这里从探究性学习的组织、情境设计和问题设计三个方面提供一些普适性的教学策略供参考。①

1. 探究性学习的组织策略

在探究活动中，既有学生的自主学习，也有小组合作学习，因此教师要引导学生进行自主学习，把握好学生独立学习和合作学习的时刻和时间分配，还要注重师生的交互。面对以上要求，教师应根据学习内容，采用恰当的组织策略。

· 引导与自主的策略

学生刚开始探究学习时，由于缺乏探究经验，教师要对学生进行引导。首先给学生充足的时间去思考，若学生还是没有思路，教师可进行适当的启

---

① 刘久成. 探究性学习的教学策略［J］. 现代中小学教育，2004（1）：21-23.

发和诱导。学生有了一定的探究学习基础以后，教师可以逐步减少引导，让学生更多地进行自主探究。

·独立与合作的策略

学生在探究过程中要处理好自主学习与小组合作学习的关系，要求学生首先要独立思考，形成自己的观点，然后在独立思考的基础上进行合作学习，与其他学生进行讨论交流，共同解决问题。

·师生交往的策略

在开展探究性学习的过程中，要充分发挥教师的主导作用和学生的主体作用。教师扮演学生探究过程中的指导者和促进者的角色，鼓励学生积极大胆地提出问题和解决问题，发挥学生的主体性。在开展探究性学习的过程中还要注意师生对话的有效性，适当增加探究问题的广度和深度。

2. 情境设计的策略

在探究性学习中，情境设计是一个非常重要的环节。良好的情境可以使学科知识更贴近学生的生活现实，改变枯燥抽象的内容本身。在情境设计上，教师应注意以下三个方面：一是紧紧围绕教学目标，创设的情境应服务于新知识的学习；二是情境设计要贴近学生的生活实际，为学生熟悉和理解；三是情境要具有问题性和开放性，能够激发学生学习新知识的积极性。设计的情境可以是故事情境、媒体情境、操作情境和生活情境。教师应根据教学内容的需要设计适当的情境。

3. 问题设计的策略

问题是探究性学习的核心。能否顺利开展教学活动，是否能够达到教学目标，很大程度上由探究问题的设计与解决来决定。在进行问题设计时，有以下注意事项：（1）问题要难易适度，设计引导学生实现思维最近发展区"思维跃迁"的问题；（2）问题最好由学生自己提出，有助于学生形成发现问题、探究问题的意识；（3）问题尽可能是真实的、有价值的，有助于学生理解学科知识的现实意义；（4）问题应具有一定的开放性，有助于鼓励学生发挥自己的想象力和创造力。

4. 评价设计的策略

对于探究性学习的评价，要注意过程评价、纵向评价和学生互评相结合。首先，教师要重视学生探究的过程，对于学生在探究过程中所表现的行为给予充分的肯定与赞扬。其次，要纵向观察与评价学生探究能力的发展，使学生体验不断成功的喜悦与快乐。最后，要鼓励学生对他人的探究结果进行质疑，在观点碰撞的过程中，增强对探究知识的理解，提高探究能力。①

三、信息技术环境下开展探究性学习的教学策略

信息技术包括信息网络、多媒体教学系统以及各种各样的学习工具，极大地丰富了学习资源，改变了信息呈现以及师生交互的方式，促进了教学资源的整合和优化，为教学过程提供了便利，因而提高了教学效率。那么，在信息技术环境下，学科教学如何开展探究性学习呢？下面分别从探究性学习的提出问题、探究过程、交流评价三个主要环节上，提出在信息技术环境下开展探究性学习的教学策略，以促进学生的主动探究。②

1. 应用信息技术优化提出问题环节

信息技术可在一定程度上优化提出问题的环节。一方面，应用网络技术发现探究问题。通过网络查询资料，从资料中发现探究问题。另一方面，利用多媒体技术创设问题情境。教师利用信息技术可以把文字、图片、声音、动画、视频等媒体集成在一起，营造一种良好的学习情境，活跃课堂气氛，启发学生对表象进行分析。

2. 应用信息技术支持探究过程

在探究性学习中，信息技术可以帮助学生更方便快捷地完成探究任务。

---

① 上海市愚园路第一小学课题组. 引导学生开展探究性学习的课堂教学策略［J］. 上海教育科研，2004（9）：48-51.

② 卓惠敏. 现代信息技术在中学地理探究性学习中的应用［J］. 福建教育学院学报，2003（12）：82-83.

第一，利用网络搜索可以获取大量相关资料，为解决探究问题提供需要的信息资源。第二，利用交流工具可以便捷地进行师生和生生交流，解决学习过程中遇到的困惑。第三，利用展示工具可以将学生探究所得的学习成果进行展示，给学生表现自己的机会。

3. 应用信息技术丰富评价方式

使用信息技术可以追踪记录学生的探究过程，使得评价更具过程性，并且信息技术可以为学生提供展示多种形式学习结果的机会，为学习评价提供多方面依据，使得评价更加全面。

4. 恰当使用信息技术，充分利用信息技术的优势

在探究性学习中，教师应重视现代信息技术与教学内容的有机结合，充分利用信息技术的优势，帮助学生更好地完成探究学习过程，发展探究能力[①]。另一方面，也要注意信息技术手段的作用是"辅助"学生进行探究学习，要把信息技术作为学生探究的重要工具，而不仅是形式上的丰富。

四、基于信息技术的探究性学习案例

现代信息技术的发展使得探究性学习变得更加生动与灵活。信息技术为探究性学习提供了生动丰富的学习资源、强有力的学习工具、便捷的资料检索方式、更为开放的探究环境，更能体现学生的主体地位，使学生乐意并有更多的精力投入到探索性的学习活动中去。基于信息技术的探究性学习如何开展，一些教师运用教学辅助软件、网络和电子书包开展探究性学习的教学实践给了我们参考。

1. 运用教学辅助软件开展探究性学习

教学辅助软件在一线教学中的应用非常普遍。根据是否具有突出的学科

---

① 吴帅荣. 利用信息技术开展数学探究活动案例简析［C］// 第五届中国教育技术装备论坛获奖论文集（上）. 北京：《中国教育技术装备》杂志社，2014.

专业性，教学辅助软件可以分为通用型工具软件和学科工具软件。然而在大部分的课堂中，教师仅仅使用教学辅助软件作为教学内容的呈现或演示工具，比如用希沃白板展示教学课件，使用几何画板作图等等。如果要运用教学辅助软件开展探究性学习，教师要在探究性学习思想的指导下，结合教学辅助软件的特点，进行精心的课堂教学设计，根据实际情况合理地运用教学辅助软件，把教学辅助软件设计融入探究性学习的过程中，进行探究性学习的教学实践。

（1）基于学科工具软件进行探究性学习

由于学科教学的需要，每个学科都有对应的学科工具软件。学科工具软件是针对学科需求来设计的，有专业的功能模块，对该学科知识的教学和探索有极大的支撑作用。学生恰当地运用它，可以创造性地探究学科专业问题。

以数学学科为例，辅助数学教学的软件有很多，比如几何画板、MATLAB、GeoGebra 等等。在案例 1 中，数学教师利用 GeoGebra 软件进行了一次探究性学习活动。GeoGebra 是自由且跨平台的动态数学软件，包含了几何、代数、表格、图形、统计和微积分等功能，可供小初高各个教育阶段使用。在案例 2 中，地理教师利用 Google Earth（谷歌地球）进行地理探究性学习。Google Earth 是一款由 Google 公司开发的虚拟地球仪软件，它将卫星照片、航空照片以及一些简单的地理信息系统（GIS）功能布局在一个三维地球模型上。通过鼠标点击轻松拖动、缩放三维的地球模型，师生可以体验从卫星上鸟瞰地球的效果，可以很直观地看到地球上各个地方的地形地貌等地理环境。

基于 GeoGebra 的初中数学探究性学习[①]

为探究函数 $y=ax^2+bx+c$ 系数 a，b，c 与图像的关系，教师以教材中

---

① 颜美玲. 一节基于 GeoGebra 的初中数学探究性学习的教学实践课：探索函数 $y=ax^2+bx+c$ 的系数 a，b，c 与图像的关系 [J]. 中学教研（数学），2020（1）：33-35.

的"阅读材料"为内容，借助 GeoGebra 软件辅助进行了三个问题的探究。首先，教师提问：通过演示分别拖动参数 a 和 c 的滑动条，你能发现图像的变化规律吗？在学生总结出 3 条规律之后，进行进一步探究。学生尝试自己提出一个有关对称轴的位置、与 x 轴的交点情况、顶点的坐标位置情况等抛物线特征与系数 a，b，c 之间关系的问题，并尝试解决。在这个环节，学生进行小组合作讨论，结合 GeoGebra 的演示，对猜想的规律加以证明。经过上一个问题的探究，某学生提出了新的问题：系数 b 对函数图像有什么影响呢？教师引导学生解答的思路，学生进行猜想，教师通过 GeoGebra 的演示，"跟踪"抛物线的顶点，与学生一起验证了猜想的正确性，并做进一步的探究。

在课堂探究过程中，学生发现并提出问题，充分发挥了学生的主动性。在学生完成初步猜想时，教师引导学生借助 GeoGebra 软件感受猜想的正确性，最后完成证明的过程。教师在探究性学习的过程中发挥了引导的作用。和自主探究学习方式相比，这种多轮的教师边引导、学生边探究的方式，非常适合中小学阶段的课堂探究性学习。除此之外，本案例的探究性学习也充分发挥了 GeoGebra 软件直观演示的特性。

Google Earth 支持下初中地理探究性学习[①]

探究的内容来自八年级地理上册第二章第二节，题目为"气候多样　季风显著"。探究问题为：阿拉伯半岛和长江中下游地区处在大体相同的纬度位置上，但气候差异很大。请说明原因。探究学习的过程可以简述为：教师确定探究主题后，引导学生分析问题，明确探究的方向。学生分组后，运用 Google Earth 分别检索阿拉伯半岛和长江中下游地区的卫星遥感地图，查看两地的地形地貌、地势和周边地理环境，并收集相关数据，加以对比分析。小组成员相互对照搜集的资料，依据资料讨论各自气候成因，同时由教师发起全班讨论，得出最后的结论。最后由教师讲评并完成本次探究。

和案例 1 相比，本案例的探究性学习活动中，教师的干预较少，学生的

---

① 张鹏. 基于 Google Earth 的初中地理探究式教学模式研究 [J]. 兵团教育学院学报，2013，23 (1)：79-81.

小组活动占据更多的时间，因此学生具有更大的自主探究的空间。Google Earth 在此次探究性学习中发挥了搜集资料的作用，为学生分析探究问题、得出探究结论提供信息，是支持学生探究过程的有力工具。

（2）基于通用型工具软件进行探究性学习

通用型工具软件是指对教师的课堂教学具有普遍的支持作用，可以辅助各科教学的计算机软件。比如交互式电子白板、课堂派、班级优化大师、蓝墨云班课等等。在中小学教育中，交互式电子白板应用普遍。交互式电子白板是互动式多媒体教学软件，有着清晰的可视化界面、便捷的操作方法以及灵活的交互功能，为探究性学习提供了很好的工具支持。它自 2004 年正式投入中国基础教育以来，凭借强大的兼容性、高效的互动性、便捷的操作性及丰富的资源受到很多一线教师的青睐。

基于电子白板的化学探究性学习①

使用交互式电子白板，进行高中化学中化学键的内容探究。在电子白板的窗口模式下，教师播放 Flash 动画，请学生来描述氯化钠的形成过程。教师接着提问："出现引力大家都明白，但是为什么会出现斥力呢？大家讨论一下。"每个小组开始讨论。教师再通过视频强化认识和理解，并利用电子白板的注解模式进行标注。学生结合学案讨论总结离子键和共价键的本质、定义及化学键的本质和定义，最后师生一起总结，重难点问题由此顺利突破。

本案例的探究性学习利用了电子白板的资源丰富性和互动性强的特点，以直观的动画引出需要探究的问题，充分调动学生的探究热情，并利用视频和注解功能强化知识，促进学生对探究结果的总结。但是，本案例没有体现出电子白板对探究过程的支持。

---

① 胡明波，刘东.在互动过程中突破教学重难点：以一节《化学键》探究学习课为例 [J]. 中小学信息技术教育，2010（10）：43-44.

2. 基于网络的探究性学习

网络是一种开放式的信息环境，与传统的教学环境相比更能支持灵活的探究活动。网络环境下的探究性学习是指学生从问题或任务出发，广泛利用各类信息资源（主要是网络资源），开展形式多样的探究活动。网络探究学习主要有四个基本要素：学生、教师、网络资源、网络环境。[1]

网络探究学习主要的步骤是：①主题的确定。②学生独立或组成协作小组，明确要解决的问题。③教师提供一些与学习主题相关的资源（包括社会、学校或网络资源）目录、网址，学生根据需要，浏览收集资料。④学生在自主探究或协作交流的过程中寻求问题的解决方案。⑤实施解决方案。⑥学生展示研究成果，教师组织学生开展自评或小组内成员互评、小组间互评，最后由教师进行评价。[2]

（1）利用网络上的资源进行探究性学习

最常见的一种基于网络资源的探究性学习是 WebQuest 教学。WebQuest 教学模式由美国圣地亚哥州立大学教育技术系伯尼·道格和汤姆·马奇两位教授于 1995 年提出，它是一种基于网络资源的探究性学习模式，教师为学生选择了网络资源来作为信息源以支持学生对信息的分析、评价和综合。[3] WebQuest 教学的前提是教师要在分析教学目标、教学内容和教学重难点的基础上开发 WebQuest 网页。WebQuest 网页的基本组成结构包括导言、任务、资源、过程、评价、结论等模块。

WebQuest 网页可以支持整个探究学习的过程。但是，WebQuest 网页的设计与开发对不熟悉网页制作的教师来说是一个巨大的挑战。因此并不局限于设计一个专门的网站来支持学生进行探究性学习，网络上的资源通过教师的整合设计都可以用于支持探究性学习。

① 李幼玲.网络环境下探究性学习在语文教学中的应用 [J].中小学信息技术教育，2016 (2)：44-46.

② 冯晓伟，陈卫东.网络探究学习模式分析 [C] // 计算机与教育：理论、实践与创新：全国计算机辅助教育学会.第十四届学术年会论文集.

③ 李祥兆.WebQuest：一种新型的网络探究学习模式 [J].现代远距离教育，2005 (6)：21-23.

高中信息技术"搜索研究"WebQuest 教学①

"搜索研究"是高中信息技术选修课程网络技术应用第三章第一节的内容。引言模块采用了图片和语言相结合的导入方式。学生一打开 WebQuest 网页，他们熟悉的百度、谷歌、雅虎等搜索引擎的图片就会映入眼帘，接下来，从他们感兴趣的网络开始创设情境。任务模块本着发展学生的高级思维能力的原则设计任务：在教材教学内容及教学资源的基础上，通过互联网了解搜索引擎的发展史、原理、常用中英文搜索引擎及其使用技巧等，并用 Word 写一个关于搜索引擎的研究报告。过程模块用简洁的语言向学生阐述了要完成任务的步骤，为学生的学习探究活动搭建了"脚手架"。资源模块提供了很多与搜索引擎以及 Word 操作相关的资源，作为学生的参考学习资源。在评价模块制订了详细的评价表，针对每一项对学生进行考核。结论部分提出了通过本次学习应该掌握的内容，鼓励学生将学到的知识应用到实践中去，并提出新的问题引发学生的思考。

在 WebQuest 教学中有着清晰的问题解决的模式设置，作为一种支架式的引导，适于探究性学习。但是教师在学生探究的过程中起着什么样的作用，在本案例中没有体现。

"数怎么不够用了"网络探究学习②

"数怎么不够用了"（第二课时），学生在这堂课中可以利用计算机浏览教师准备好的网页，并能利用互联网上的资料。教师提出学习任务：（1）数不

① 李晓艳. WebQuest 教学的设计与案例分析：以高中信息技术《搜索研究》为例 [J]. 中小学信息技术教育，2013（3）：52-55.

② 孔令法. 现代信息技术在中学数学探究性学习中的应用 [J]. 中国信息技术教育，2010（10）：70-71.

够用了，你如何解决生活中的问题？（2）以学习小组为单位，选择一个在学习过程中遇到的问题进行研究。一节课下来，学生在掌握基本内容的同时进行了自己的研究，有的研究了如何将本节课的内容系统化，有的研究数的扩大过程中的数学故事，有的研究负数的形成过程与历史，甚至有学生写文章讨论这样的数学课。

在网络环境中，网络资源浩如烟海，学生可以自由获取想要的资料，但是鉴于青少年学生自制力差，教师最好不要全部放手让学生自己去寻找资料，而是给出一些网址范围，供学生参考。

（2）基于网络教学平台的探究性学习

网络教学平台是具有教学功能的在线网站，具有非常丰富的功能。利用现有的网络教学平台，比如 Moodle 平台、Blackboard 平台、清华网络在线平台，可以很便捷地开展探究性学习。和 WebQuest 相比，这种方式不需要自己开发网页，减轻了教师实施探究性学习的负担。网络教学平台为探究性学习提供了多种工具。通过该平台，教师能够创建课程，发布通知和作业等任务，分享学习资料等；学生可以进行多种学习活动，如资源共享、问题讨论、上传作业、作业互评等；教师还能通过在线测验、调查问卷、作业评分等形式对学生进行反馈和评价。

利用 Moodle 平台开展高中化学探究性学习[①]

学习糖类物质时，设计了葡萄糖分子结构的实验探究，课前拍成微课视频，上传到 Moodle 平台。课上学生观看视频，可以清晰地观察实验的现象，然后引导学生分析实验①、实验②，这时再给学生增加新信息和要求：已知葡萄糖是链状分子，主链上有 6 个碳原子，根据分子式 $C_6H_{12}O_6$ 推导其结构简式。学生分小组讨论，在学习平台中提交自己记录的实验现象及结论。教

---

①　郑瑜. 基于虚拟社区的高中化学探究性学习策略探索 [J]. 教育信息技术，2016 (Z1)：68-70.

师通过平台及时了解学生的情况：大多数学生能很快并正确地推导出来，个别学生在所书写的结构简式中写了两个醛基。这时，老师提示学生从分子式（定量）的角度考虑，通过学生之间的对比，写错的学生很快找到了错误的原因，并及时在平台中修改原来的实验结论。

在本案例中，既有在平台上的观看视频和提交观点，又有线下学生讨论、教师引导，利用了线上教学和线下教学的优势。不足之处是没有体现评价环节。

3. 基于电子书包的探究式学习

基于电子书包的探究性学习是以电子书包系统为开展学习的环境，利用其丰富的数字化教学资源、丰富的学习辅助工具和便捷的交互功能，开展主题探究活动。

在电子书包系统的支持下，学生能够更加方便快捷地获取资源进行学习。电子书包系统中的学习内容包括电子课本、电子书、多媒体资源（包括各类音视频、动画）。电子书包系统还包含丰富的探究工具，可以为学生提供思维导图、几何画板等工具，辅助学生进行探究。教师能通过电子书包掌握学生探究活动的进程，了解学生在活动过程中遇到的问题；能通过电子书包与学生进行在线交流，给予学生适当的帮助，必要时还可调整教学策略。

从教师活动的角度来看，使用电子书包进行探究性学习的过程可以分为5个步骤：（1）创设情境，引入主题；（2）确定探究问题；（3）制定探究导学案；（4）组织练习，评价探究成果；（5）总结拓展。相应地，在电子书包的不同功能的支撑下，学生也通过5个步骤完成探究性学习。如图4-2所示。[1][2]

① 王玉玺，张妲，钟绍春，等. 基于电子书包的探究式教学模式设计：以小学科学教学为例［J］. 中国电化教育，2014（2）：95-100.

② 蔡焕真. 基于电子书包的初中化学"探究式学习"教学模式研究［J］. 中国多媒体与网络教学学报（电子版），2017.

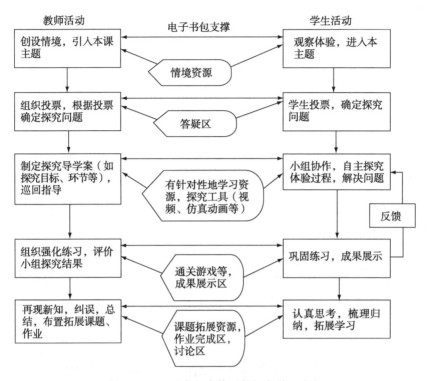

图 4 - 2 电子书包支持下的探究学习流程

使用电子书包探究建造鱼池的方案①

《长方体鱼池的计算》选自人教版小学数学五年级下册第三章，本节课是对所学习过的长方体知识进行综合运用。课前，教师将制作好的视频上传到电子书包系统，视频的内容是爸爸妈妈想要在家里的小花园建造一个长方体的鱼池。通过视频创设情境来引出要探究的主题"建造一个长方体鱼池"。学生通过电子书包系统观看这个视频，思考如何才能合理、美观地建造出一个

① 胡晓丽. 基于电子书包的主题探究教学模式应用研究：以小学数学《长方体鱼池的计算》为例[J]. 软件导刊（教育技术），2019，18（7）：71-73.

长方体鱼池。

在初步探究中，利用电子书包系统呈现小青蛙过河的游戏，学生在答题游戏的过程中，回顾上节课学习的棱长、表面积、体积、容积等概念。学生每答完一个题都会出现一个几秒钟的动画帮助学生理解知识。

在小组协作探究中，教师根据电子书包对学生学习风格、认知结构等的分析进行异质分组，每组 5 人或 6 人，教师引导每组学生通过分工协作的方式对主题进行发散性思维，引导学生借助电子书包系统上网查询资料或观看电子书包提供的资源，了解长方体鱼池的选址情况，计算长方体鱼池的尺寸，然后确定建造长方体鱼池的最佳方案，绘制出所需建造的长方体鱼池的图纸，标明数据，并进行简要说明。

在本案例中，教师设计了一个真实的学习情境，引出探究问题，利用电子书包的强大功能，开展层层递进的探究过程，先是初步探究，再是小组协作探究，最后是解决探究问题。

第二节　基于信息技术的自主学习

一、自主学习的内涵和过程

1. 自主学习的含义

余文森教授曾指出，自主学习是指学生主宰自己的学习的一种学习方式。[①] 具体来说，自主学习是指学生能够对自己的学习活动和学习行为负责，自觉地确定学习目标，选择学习时间和学习环境，选择学习资料和学习方法，监控学习过程，调节学习策略，以及进行自我评价的过程。自主学习可以突

① 余文森. 略谈主体性与自主学习 [J]. 教育探索，2001 (12)：32-33.

出学生认知主体的地位，使学生的学习主动性大大增强，还可以提高学生自我管理的意识和能力，形成良好的学习习惯和学习意志，让学生在学习上有更长远的发展。这比学生在老师和家长的强迫下学习效率更高。

自主学习的基本特征主要包括以下四点：一是主动性。它是指学生在主观能动性的驱使下，而不是在外部压力的驱使下进行的学习。二是独立性。这意味着学习不依赖于教师或其他人，而是依赖于学生自己的知识和能力。三是有效性。它是指学生调动一切积极因素，优化学习过程，以达到最佳的学习效果。四是相对性。自主是相对的，学习并非在任何方面、任何时间、任何内容上都是完全自主的。[①]

2. 自主学习的过程

自主学习的过程可分为三个阶段：一是对自己的学习活动的事先计划；二是对自己实际学习活动的监控和调整；三是对自己的学习活动的反思。如图 4 - 3 所示。

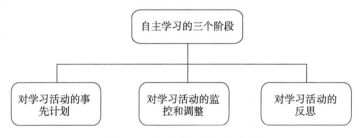

图 4 - 3 自主学习的三个阶段

阶段一：对学习活动的事先计划

自主学习要求学生首先有自己想要主动学习的愿望和高度的学习责任感，会主动积极地学习。在学习之前，学生自己制订学习目标和学习计划，安排学习时间，选择学习环境。学生在开始进行学习活动或者学习任务之前，为自己建立一个学习目标，并且在必要时进行调整。目标一般分为具体目标和一般目标、近期目标和远期目标。具体目标是指可以自我评价学习结果的目

---

① 庞维国. 自主学习：学与教的原理和策略［M］. 上海：华东师范大学出版社，2003：2-3.

标，比如"会写这节课学习的单词和短语"；一般目标是指无法评价的目标，如"尽我最大的努力去学习"。从学习结果上看，具体目标比一般目标更能增强学习表现，因为达到具体目标所需付出的努力程度更加明确。近期目标和远期目标相比，近期目标比远期目标更能激起强烈的学习动机。因为近期目标更能方便学生对自己的学习过程进行评估，增强自我效能感。

阶段二：对学习活动的监控和调整

在自主学习的过程中，学生对自己的学习过程进行自我监控和调整，对照学习目标和计划，根据自己的学习情况不时调整自己的学习策略。首先，学生必须监督和管理自己的认知过程，比如在数学练习中询问自己要采取的计算步骤是否正确，或者做一篇课外阅读的分析思路是否正确。学生及时评价、反馈认知活动中的有关信息：若与学习目标相一致，则继续下去直至达到学习目标；若与学习目标相背离，则应及时修正、调整学习策略，以确保达到预定的学习目标。其次，学生可以对自己在完成学习任务的过程中的行为进行自我记录编码，以便为下一阶段的策略调整提供参考。通过使用自我记录，学生们可以意识到以前可能未被发现的事情。例如，记录他们花了多少时间阅读一篇文章，可以帮助他们意识到实际阅读（而不是自己事先预估）需要多少时间。

阶段三：对学习活动的反思

在学习之后，学生要对自己的学习过程和学习结果进行反思。学习反思是指学生对自己的学习保持一种敏感的警醒状态，关注自己的学习方法的有效性，回顾自己的表现是否有进步，是否实现了预期的目标。首先，学生要判断自己所完成任务的结果如何，以及对结果的满意程度；其次，学生要对任务的完成结果进行归因；最后，学生要对自己学习过程中使用的策略进行反思，做出在未来的学习或表现中是否需要调整以前所用学习策略的推论。学生在反思时，可能会问自己以下问题：这部分的内容我学会了吗？我达到预定的学习目标了吗？我使用的学习方法有效吗？我有哪些做得不好的地方？我在以后学习中要注意哪些地方？通过对自己学习的反思，学生改变随意、盲目的学习方式，总结、提炼、形成有效的学习方法和习惯。比如：对促进自己学习的学习策略等进行巩固，形成稳定的认知结构；对造成自己学习失败的学习策略和学习情境进行匹配记忆，避免在相同的情境中再次使用错误的学习策略。

二、基于信息技术的自主学习设计原则

1. 影响自主学习的因素

社会认知理论认为：在自主学习的过程中，伴随着学生的认知、行为和环境的互动。也就是说，影响自主学习过程的因素包括学生的认知因素、行为因素和外部环境因素。[①] 这三种因素相互依赖，彼此影响，共同决定了自主学习的发生及学习成效的好坏。因此，要促进学生的自主学习行为，要激发学生的相关认知因素，创设合适的外部学习环境。

（1）学生的认知因素

多项研究表明，影响自我调节学习的重要个体认知因素主要包括自我效能感和学习策略。在自主学习过程中，学生是学习的主导者，具有充分的自主权，只有在学习动机被激发以及在学习活动中动机得到保持时，学生才会表现出有效的自主学习行为。自我效能感是动机信念的一个重要组成部分。自我效能感指的是"人们对组织和执行特定类型表现所必需的行动能力的判断"[②]。所谓学习策略，就是学习者为了提高学习的效果和效率，有目的、有意识地制订的有关学习过程的复杂方案。学生为了调控自己的学习一般会运用三类学习策略：认知策略、元认知策略和资源管理策略。

（2）外部环境因素

提到自主学习，你是不是会想象这样的场景：把学习资料发给学生，让他们自己做主学习，没有太多的指导，也没有任何评估标准。自主学习并不

---

① Zimmerman B J. A social cognitive view of self-regulated academic learning [J]. Journal of Educational Psychology，1989，81（3）：329-339.

② Bandura A，Bandura S，Bandura A. Social foundation of thoughts and actions：A social cognitive theory [J]. Journal of Applied Psychology，1986，12（1）：169.

应是这样毫无计划、教师缺席的。自主学习同样离不开教师的支持、学习活动的设计、同伴协作与互助。以上三个因素是影响学习者自主学习的重要外部环境因素。首先，学生与教师的互动是影响其自主学习的最重要的因素。如果教师在教学过程中为学生提供适当的反馈，并教给他们学习策略，学生可能进行更好的自主学习。其次，教师还要进行精心的学习活动设计，引导和支持学生完成自主学习的过程。再次，学生在学习过程中能否有效地运用学习策略进行自主学习在很大程度上取决于课堂中同伴间的人际关系。

· 学习活动的设计

在网络学习环境中，学习系统或者网络课程设计的好坏会影响学生的自主学习。一个设计良好的网络学习环境应兼顾学生的情感过程和认知过程，以提高学生的自主学习能力。自主学习的效果还取决于学生是否使用支持他们学习的"脚手架"。"脚手架"即学习支架，可以是学习指南、学习资源等辅助学生学习新知识的学习资料。在网络学习环境中，与那些不使用"脚手架"的学生相比，使用了"脚手架"的学生更可能在自主学习过程中规划、监测和实施学习策略。

· 教师的支持

教师的支持体现在三个方面：教学方法、教师的帮助和教师对学生的态度。首先，教学方法对学生自主学习的影响主要表现为，当学生在解决问题或者验证其观点时，如果教师鼓励他们使用探究技能和方法，学生更有可能积极地学习和调整他们的努力方向。其次，教师对学生的帮助、对学生的态度（友好、信任、感兴趣）显著影响学生的目标定位和任务价值。这表明，教师在帮助学生认识他们在课堂上所承担的任务的价值方面起着重要的作用。Yen 等的研究也表明，教师在教学过程中，通过改善学生与学生的互动，对学生的自主学习起到至关重要的作用。它们可以为学生提供管理自己学习活动的机会。①

---

① Yen Ng Lee，Baka Kamariah Abu，Roslan Samsilah，etc. Predictors of Self-Regulated Learning in Malaysian Smart Schools［J］. International Education Journal，2005，6（3）：343-353.

·同伴协作与互助

多项研究表明，同伴互助可以增强学生的自主学习行为。Walker（2011）指出，同伴间的互助和求助策略有助于学生进行自主学习。接受同伴反馈会鼓励学生调节自己的学习，并且促使他们在有需要时请求他人的帮助。[①] 并且，同伴之间的交流协作增加了学生自我反思的机会，进而也会影响学生的自主学习行为，如调整学习策略和设置新的学习计划。[②] 除此之外，Velayutham 和 Aldridge（2013）的研究同样说明，学生的凝聚力对学生的学习动机和自我调节有显著的影响。[③] 所以，培养学生与同伴的支持关系是增强学生自主学习能力的有效途径。

2. 设计原则

根据前面对影响自主学习的因素的分析，结合自主学习三个学习阶段的特点，得出以下五条设计原则：

（1）教师引导学生选择有效的学习环境

丰富的信息技术为学生的自主学习提供了多种学习环境，包括实体的学习环境和虚拟的学习环境。不同的学习任务需要不同的学习环境，因此，要引导学生选择有效的学习环境。有效的学习环境有合适的学习工具，便于获取学习资源，并且有助于减少外界对学生的干扰，使学生专注于学习任务。

（2）利用信息技术激发学生的学习动机

首先，使用文字、图像、音频、动画、视频等多媒体形式，呈现学习材料，为学生提供多感官刺激，引起学生的注意力和好奇心。

其次，运用信息技术创设模拟真实的问题情境，分析与解决生活中的问

① Walker E，Rummel N，Koedinger K R. Designing automated adaptive support to improve student helping behaviors in a peer tutoring activity [J]. International Journal of Computer-Supported Collaborative Learning，2011，6（2）：279-306.

② Kitsantas A，Dabbagh N. Learning to learn with integrative learning technologies（ILT）：a practical guide for academic success [EB/OL].

③ Velayutham S，Aldridge J M. Influence of Psychosocial Classroom Environment on Students' Motivation and Self-Regulation in Science Learning：A Structural Equation Modeling Approach [J]. Research in Science Education，2013，43（2）：507-527.

题，让学生能体会所学知识与现实生活的紧密联系，从而体会所学知识的价值。

同时，在学生自主学习过程中，教师利用监控系统与交互系统对学生进行适当的指导，提供及时的帮助，可以促进学生积极主动地思考，使他们获得成功的体验，从而提高学习的满意感，进一步增强学习动机。

（3）通过组织学习活动促进学生的认知和元认知发展

信息技术提供了丰富的认知工具和学习资源支持学习活动的开展。比如学生可以应用 Inspiration、MindManager 等思维导图软件安排学习任务，进行学习内容的整理等活动，从而促进认知和元认知的发展。

（4）提供及时反馈来引导学生自我监控

自我监控是自主学习过程中非常重要的部分。在网络环境中，在线监控系统可以给学生提供及时的多种反馈信息，还可以给学生的自我监控提供有效的回应。

（5）使用信息技术为学生的自我评价提供持续的评价信息

学生通过网络学习平台上在线学习行为追踪，或者使用电子档案袋记录学习过程，可以监控自己的学习策略在实现学习目标上的效果，进而为结果归因奠定基础。

三、基于信息技术的自主学习案例

1. 利用微课的自主学习

微课（Microlecture）是指呈现微小主题的学习内容、过程及拓展素材的结构化数字资源，包括教学微视频、相关的教学设计、教学课件、教学反思、练习测试等辅助性教学资源。[①] 其中，微课的主要载体是微视频，记录教师围绕某个知识点而开展的教学过程。微课可以满足学生对特定学科知识点的个

---

① 微课[EB/OL]. https://baike.baidu.com/item/%E5%BE%AE%E8%AF%BE/7966740? fr=aladdin，（2020.4.12）.

性化学习需求，既可使学生充分利用碎片化的时间强化巩固知识，又能激发学生自主学习的积极性，因此被广泛应用于教育教学中。

　　根据作用的不同，微课的类型可以分为预习型、答疑型、训练型和拓展型。预习是学生开展自主学习的关键环节，预习的效果将直接影响课堂学习的实效。预习型微课可使学生预先理解部分知识，让学习更有针对性，从而有效提高学生听课的质量。答疑型微课有经典错误、典型解题、综合疑难等类型，针对学生的学习疑惑进行详细的分析讲解。训练型微课提供给学生训练题目，并在学生作答后做出及时有效的反馈，使学生在自主纠错中发现薄弱点，巩固所学知识。拓展型微课是针对课本之外的知识和技能而设计的，帮助学生在周末或假期里进行能力提升。①

　　教师应立足于微课教学的实际，积极转换教学方式，创新设计学科学习的各个环节，指导学生运用微课有效预习、解答疑惑、练习巩固、课外延伸，以促进学生自主学习能力的养成。②

使用微课学习"通过激素的调节"③

　　在高中生物"通过激素的调节"的学习中，教师设计了两个微课帮助学生开展自主学习。在课前教师设计了预习导学案并制作了微课，上传到班级QQ群和微信群，学生在家看微课、完成导学案内容，并记录疑难点和生成的问题，将这些问题通过网络平台反馈给教师。教师在课上组织学生分组讨论交流。

　　为了巩固教学效果，教师又制作了关于"激素药物与激素调节"的微课并上传到了网络平台，请学生结合微课中提供的资料写一篇800字左右的科

---

　　①　李磊.基于微课的初中语文学生自主学习能力培养［J］.语文教学之友，2016（1）：8-9.

　　②　吴慧燕.微课环境下培养小学生自主学习能力的策略：以小学数学教学为例［J］.中国教育技术装备，2018（21）.

　　③　牛明武.基于微课提高学生自主学习能力的实践探究：以《通过激素的调节》一节教学为例［J］.中学教育科研，2018（3）（总第226）.

技小论文。

预习型微课和训练型微课分别应用于课前和课后,对课堂教学是一个有效的延伸,扩展了课堂,对学生掌握知识有很大的帮助。

拓展型微课助力学生假期在线学习[①]

语文教师围绕个性阅读、作文教学等内容制作或下载系列微课,按时发布到班级空间,指导学生进行自主学习。个性阅读微课分为导读、欣赏、检测三部分。导读部分展现写作背景、故事梗概和人物形象,使学生对名著有一个大致的了解;欣赏部分播放影视片段,还原小说的精彩情节,让学生产生画面感;检测部分提问情节中的重点内容。作文教学系列微课可从审题、立意、选材、结构、首尾等方面设计,包括方法指导、范文引路、小试牛刀三部分,各层次学生按自身写作能力有选择地观看。

拓展型微课着眼于学生在假期期间的能力提升,是学校教学的一个有力的补充。学生需要掌握的不只是课本上的知识,还有很多与学生的生活相关的知识和技能。拓展型微课是传递这些知识和技能的一个非常好的载体。

2.网络学习环境中的自主学习

网络技术为学生的自主学习提供了开放的学习环境,在学习过程中学生有很大的自主权,即可以根据自己的知识掌握情况和接受新知识的能力,进行自主学习。网络环境下的自主学习,主要是利用网络平台和数字化资源,通过搜集学习资源、发现和探究问题、创造和展示学习成果等方式进行自主学习。利用网络进行自主学习可以有效地提高学习效率。

利用学校局域网开展数学自主学习[②]

许桂珍老师利用局域网上了一节数学网络课"总复习一——约数和倍数"。许老师把这节复习课分成问题情境、知识点滴、问题解决、分层练习、

---

① 李磊.基于微课的初中语文学生自主学习能力培养[J].语文教学之友,2016(1):8-9.
② 许桂珍.利用网络教学促进学生学习方式的转变[J].中国教育技术装备,2012(13):93-94.

友情链接等几个板块。有的学生可以直接解决问题，有的学生却要在先复习了相关知识点以后才能解决；有的学生在完成练习时觉得第一层练习太容易而直接跳过第一层，进入第二层甚至第三层进行练习；有的学生还在练习，有的学生已经在友情链接中搜索其他内容。针对这些可能出现的情况，教师在每个内容上都设置了相应的链接，每个学生都能根据自己的实际情况自主学习，学生的自主性得以充分发挥，个性化学习得以实现。

在网络自主学习中，学生可以根据自己的学习习惯自主地选择学习内容和学习资源，安排学习进程，按照适合自己的方式学习。

网络环境下的高中物理自主学习①

1. 利用网络信息多样性，引导学生自主学习

在教学"万有引力定律"一课时，教师可让学生利用网络资源进行预习，要求学生自己通过网络搜索资料，了解知识背景和应用场景，了解此定律解决了什么样的实际问题。教师也可以制作一些相关的多媒体课件发布到校园网络上，让学生观看。

2. 建立网络交流环境，师生共同探究物理问题

学完"匀变速直线运动规律"后，学生在课后进行思考，提出"为什么在解答时不需要考虑平衡摩擦力"等问题，教师可以通过网络交流环境引导学生相互讨论，在学生发表了自己的观点之后，教师再进行补充解释。

3. 培养学生思考意识，通过互联网自主探索

教学"电磁感应"内容时，教师为学生提供一些关于电动机知识的学习网站，引导学生自己进入网站，根据自己的兴趣了解电动机的种类、组成部分和制作材料等课外知识，进行延伸学习。

网络资源丰富、便于获取，教师可引导学生使用网络上的资源，通过互联网寻找解答疑惑的方法或者进行延伸学习；网络环境交流便捷，教师可在网络上建立交流讨论的空间，引导学生互相探讨问题，从而培养学生的自主学习意识和能力。

---

① 李生计. 网络环境下的高中物理自主学习撷探 [J]. 成才之路，2019（16）：99.

第三节　基于信息技术的协作学习

一、协作学习的概念和基本要素

1. 协作学习的概念

协作学习是指为了完成学习目标，两个或两个以上的学生组成小组或者团队一起学习的模式。与个人学习不同，参与协作学习的学生通过相互交流讨论、询问信息分享经验、评价彼此的想法、监控彼此的学习情况等方式进行积极的互动，利用彼此的资源和技能达到自己的学习目标。在计算机技术、网络技术和教育改革的推动下，协作学习得到了迅速发展，而且随着社会上越来越重视协作意识，人们开始意识到协作学习是一个非常重要的学习方式。

研究表明，社会的、情境的、参与的学习经历会促成更深入的学习。协作学习对学生学习的促进包括以下几个方面：（1）加深学生对不同观点的理解，（2）促进师生互动，（3）提高学生的自信心和责任感，（4）发展更高层次的思维。

2. 协作学习的基本要素

协作学习模式通常由四个基本要素组成，分别为成员、协作小组、辅导教师和协作学习环境。①

协作小组是协作学习模式的基本组成部分。将学生按照一定的策略组织在一起，划分成若干个协作小组。通常协作小组中的人数以 3—4 人为宜。小组的划分可以依据许多因素，如学生的性格特点、学习成绩、知识结构、认知风格等。小组的划分方式将直接影响协作学习的效果，因此要遵循一些原

---

① 赵建华，李克东. 协作学习及其协作学习模式［J］. 中国电化教育，2000（10）：5-6.

则。如男女比例分配要适中，一般采用学生在各个方面互补的形式，即"异质分组"的方式。

成员是指参与协作学习的学生。在小组划分之后，还要对小组成员的角色和责任进行分配和明确，并且成员的角色具有一定的灵活性，即可以轮流负责工作。合理有效的分工可以发挥每个学生的优势，激发学生对小组的责任感，保持学生的协作积极性，提高学生之间协作的效率，促进协作学习的完成。

教师作为学生协作学习的辅导者要做到以下两个方面：（1）教师要营造出一个鼓励发言的民主积极的课堂学习氛围。教师要鼓励学生在进行小组交流讨论时勇于发表自己独特的观点。（2）教师还要参与到学生协作学习的过程中，监控学生的学习过程，及时为学生提供搜索资料的技巧、解决问题的思路、归纳总结的方法等方面的指导，促进他们顺利完成协作学习任务。

协作学习环境是指支持学生进行协作学习的学习环境。在传统的课堂教学中，学习空间功能不足，学习资源获取方式单一，使得协作学习的开展受到了很大的限制。在信息技术的支持下，教师可以为学生构建合适的协作学习环境。协作学习环境要包含以下功能：支持学生的个人学习，支持学生之间的互动交流，支持学生共建共享知识，以及支持协作学习评价。信息技术支持下的协作学习环境包括：网络教学平台，Web 资源整合式网络协作学习环境，Wiki 和 QQ 等社会性软件，等等。

二、开展协作学习的教学策略

1. 合理搭配，成立小组

按照"组间同质、组内异质"的原则，从性别、能力、表现等方面对学生进行合理匹配，形成协作学习小组，保证小组内成员的差异性和互补性。各组员要合理分工，公平竞争，轮流担任组长。

2. 促进交往，组织交流

协作学习要求学生之间围绕主题进行互动讨论，互相帮助，完成学习任务。因此，各小组讨论时，教师要巡回指导，鼓励学生大胆发表自己的观点，也要鼓励学生和教师交流遇到的问题，以便及时提供必要的帮助。小组讨论结束后，教师要组织全班学生汇报和交流。如果各小组之间仍有不同意见，且时间允许，可继续进行小组之间的交流。①

3. 组织活动，营造氛围

在协作学习中，教师可以组织不同形式的学习活动，如主题辩论、学习竞赛、问题解决、角色扮演、案例分析等，促使小组成员既有竞争又有协作，并且形成良好的组间竞争的风气。

4. 及时评价，促进反思

教师定期组织评价，包括小组成员的个人评价和小组整体评价。教师不仅要评价整个小组的协作学习任务完成的情况、协作的氛围、小组成员的积极性，还要对完成任务过程中每个学生的表现进行评价，比如讨论的积极性、个人责任的完成度、在小组中的贡献等。当然，还可以组织学生进行自评和小组互评。

三、基于信息技术的协作学习案例

1. 基于 Wiki 的协作学习设计

Wiki 是一种在网络上开放、可供多人协同创作的网站。有些 Wiki，比如维基百科，是可以公开访问的，允许任何可以访问它的人创建和更改其页面；有些 Wiki 则具有一定的私密性，被组织用于管理内部信息，使团队能够轻松地共享知识并更有效地协同工作。在适当的情况下，Wiki 是收集和分发信息的非常有效的方式。它可以提升需要引用或处理同一材料的团队成员之间的协作能力。任何拥有编辑权限的人都可以在想法和观察结果出现时添加它们。

---

① 张典兵，陈绪英. 协作学习模式：概念、要素及教学策略［J］. 继续教育研究，2005（5）：118-119.

协作学习需要一个开放、自由的协同创作空间。Wiki 开放共享、平等共创的特点，使它成为支持协作学习的有效平台。通过 Wiki 平台，每个学生都可以创建一个代表自己观点的词条，其他小组成员可以在这个词条上直接修改完善。此外，Wiki 平台可以对修改的时间和内容进行记录。当然，学生也可以将自己利用网络搜索到的信息资源进行整理组合，在 Wiki 环境下共享给同组成员。这样一来，学生的学习就处在一种相互配合、相互依赖的环境中。

案例分享

Wiki 环境下基于问题的协作学习设计（高中信息技术课程教学）①

目前，在高中信息技术的上机教学活动中，学校已经构建了自己的内部局域网络，学生可以直接在网络上获取丰富的学习资源。教师以此为基础构建一套 Wiki 环境，开展学生间的交流协作，并且实现知识的积累整合与资源共享，从而完成对问题的研究和解决。

结合高中信息技术里幻灯片制作的教学，教师可先讲解幻灯片的基本制作步骤，让学生理解每个制作步骤中的构成要素，最后向学生提出制作一个"环境保护与校园生活"的幻灯片的要求。学生通过自己对"环保与生活"这个大概念范围的理解，可到网上搜集关于环境污染的危害、环境保护的重要性、做好校园环境保护的意义和措施等相关的主题内容，并且将各自搜集整理的内容与小组成员展开交流讨论。在讨论交流之后，学生们会参照群体意见，针对自己搜集到的知识做进一步补充和修改，然后对自己所理解的"环保与生活"做一个系统归纳，最终将自己研究的问题结论结合教师所给出的制作幻灯片的具体步骤完整展现出来。随后，通过展现作品，学生们能够发现其中的优点和不足之处，从而对问题产生新的认知。

教学的本质是交互，交互与协作对于成功的学习具有重要的意义。Wiki 技术有利于开展知识的分享和共创，促进人际的交流与协作，是支持协作性

---

① 周奕. Wiki 环境下基于问题的协作学习设计：以高中信息技术课程教学为例 [J]. 中国信息技术教育，2014（4）：98-99.

学习活动的一个有用工具。Wiki 在协作学习中是有效的，能够促进学生形成主动、开放的认知过程。

2. QQ 支持的协作学习

QQ 作为一种网络通信工具，在学生中广为流行。除了支持社交，最重要的是 QQ 具有强大的教学功能：可以支持建立 QQ 群或者讨论组，便于教师对学生进行管理；可以帮助学生针对某一问题，进行一对一、一对多、多对一的实时和非实时的文字、语音和视频的即时交流；可以让学生通过传送图片、文档等，实现教学资源共享；等等。协作学习强调学习者之间的交互和协作，而 QQ 具有强大的交互性和协作性，把 QQ 应用到协作学习中，能促进学生与学生之间、学生与教师之间的交流，发挥学生的主体作用，培养学生的自主性和创造性，提高学习效果。

案例分享

利用 QQ 进行基于网络的协作学习①

教师课前把作品的相关主题、要求（如小组人数、作品上交时间等）以文件夹的形式发布在群 BBS 和群共享中，并设置成共享文件，允许学生多渠道浏览下载，然后在群公告中发布公告，告知学生学习任务。

学生协作学习过程如下：（1）学生进入群 BBS、群共享，通过浏览共享，明确学习任务。（2）学生可通过 QQ 一对一交流或通过群 BBS 一对多交流，了解其他同学的特长和兴趣，然后自主选择合适的合作伙伴，最后确定各组组员和分工。各组组长再把本组成员名单通过 QQ 发给教师，教师最终确定的名单和分工将通过 QQ 群聊天窗口和群共享公布。（3）各组组长在群 BBS 中建立一块小组讨论区，便于小组成员间有效地交流和沟通。（4）班长还可

---

① 伍玲.利用 QQ 辅助基于网络的协作学习：改善高中信息技术教学效果有效路径探究 [J].软件导刊（教育技术），2012（8）：71-72.

以根据各组分工的名单，再建立"动画讨论组""图像处理讨论组""程序设计讨论组"等，便于学习者在执行个人任务过程中遇到问题时可以快速找到"救星"或交流的伙伴。如果"救星"或伙伴还解决不了问题，就可通过 QQ 与教师联系，教师可利用 QQ 的"远程协助"功能，操作学生的电脑进行演示、讲解，直至问题解决。（5）各组成员将自己收集的资料放进共享或 QQ 网络硬盘中以便随时调用，并可以通过设置，指定好友共享你的资源。（6）作品完成后，小组成员可通过 QQ 实时或异步交流进行组内评价，还可以把作品发布到群共享中，接受其他小组成员的评价。（7）教师根据学生个人 QQ 里的共享资源、聊天记录以及作品本身做出最后评价。

本案例体现了 QQ 在协作学习中的重要作用。QQ 为学生搭建了一个非常完整的协作学习平台，支持学生整个协作学习过程：从协作小组分组名单的确立和小组的建立，到完成任务过程中的求助、资源共享，以及完成任务之后的评价。

3. 基于专题学习网站的协作学习

专题学习网站源于李克东教授 2001 年提出的"专题探索——网站开发"的理念。它的本质是一个基于网络资源的研究性学习系统。它为学习者提供了网络学习环境下的协作学习交流工具和大量的专题学习资源，使学习者能够自主选择和确定研究课题，收集并分析数据，选择知识和工具解决实际问题。专题学习网站强调学习者通过主观探索、研究与合作来解决问题，体验和理解科学探索的过程，提高获取、分析和处理信息的实践能力，培养良好的创新意识和信息素养。

专题学习网站环境下的协作学习形式，更多的是一种资源型学习。学生通过网络进行信息的收集、分析和处理，并在小组协作中发现、分析和解决问题。在这个过程中，学生是学习的主体，教师利用网站上知识结构的设计和控制，引导、帮助和评价学生的学习。

案例分享

基于"'桥'遍天下"专题学习网站的协作学习①

"'桥'遍天下——网站实现"是教育科学出版社《网络技术应用》第四章的一节综合实践课，授课对象是高二学生。本节课是对前面几节课的一个综合练习，要求全班学生在一节课内共同完成一个"'桥'遍天下"网站，让学生对所学知识加以巩固并灵活应用。

教师播放上一届学生用 FrontPage 软件制作的优秀网站，激起学生的学习兴趣。接下来呈现任务，混合编组（根据学生的性别、能力、兴趣、成就等搭配，4 人一小组，8 人一大组，保持组内异质，组间同质）。学生欣赏网页，登录"'桥'遍天下——网站实现"专题学习网站，接受任务，接触网页制作相关知识。

分小组组织"网页制作竞赛"。鼓励小组交流讨论形成网站制作方案，强调方案的优劣将直接影响小组制作作品的质量和效率。学生结合任务仔细观察分析，小组内积极讨论并归纳出网站的栏目、版面、整体风格等框架及思路。学生组长小结，拿出本组成员讨论的方案，完成小组分工表。组长进行分工，使 2～3 人一小组协作完成网站内的某一个网页，组织、引导组员小试牛刀。

学生从专题学习网站上下载素材，接受小组长分配的角色、任务，小组协作共同担负学习责任，完成网页制作任务。

教师展示各组学生作品，引导学生分别从新技术使用、完成度、创意、小组分工等角度进行自评、互评，并为本班最有创意的作品及最优小组（作品数量多、质量好的小组）分别投上一票，最后总评学生的学习表现，总结本节课的知识点。学生上传作品到展示区，然后进行个人自评、组内互评、组间互评，最后教师评价。

---

① 朱锦秀.基于专题学习网站的高中信息技术协作学习模式研究 [J].中国教育信息化，2010（20）.

专题学习网站为学生的学习提供了丰富的学习资源，也为小组协作学习中的小组成员交流、作品展示和学习评价提供了空间。

第四节 基于信息技术的游戏化学习

一、游戏化学习的内涵和价值

1. 游戏化学习的内涵

"学习"不应该使人只是记诵理论知识或反复练习获取技能，更应该让人能够在面对各种情况时做出恰当的反应。游戏化学习可以带来更多更有效的互动体验，具有重要的教育价值。美国新媒体联盟发布的《地平线报告》中，多次强调和预测游戏化学习将会得到普及应用。2016 年，"互联网＋"时代的游戏化学习与教育创新大会在北京举办，大会以"'互联网＋'时代的游戏化学习理论研究与实践应用"为主题，为广大教育研究者搭建了交流展示的平台。世界各地都在开展游戏化学习研究，比如 MIT 开展的 Game-To-Teach 项目、印第安纳大学开展的 Quest Atlantis 项目、哈佛大学的 River City 项目、香港中文大学开展的 Learning Villages 项目等。[1]

游戏化学习是将游戏的设计理念与元素应用于学生的学习中，引发学生的学习兴趣，激起学生的学习积极性和学习动机，让学生在游戏中获得知识和技能，真正实现在游戏中学、在做中学，寓教于乐。因此，对于比较枯燥难懂的内容，更适合采用游戏化学习的方式。

2. 游戏化学习的价值

接近真实的情境、真实的任务和游戏的乐趣有助于激发学生的学习动机。

---

① 尚俊杰.游戏化学习的价值及未来发展趋势 ［J］.上海教育，2016（35）：45-47.

游戏为学生提供了一个接近真实的"体验式"学习环境，这样他们就可以自己发现、分析和解决问题。此外，游戏环境还允许学生在解决问题时提出假设并进行检验。虽然游戏环境是一个虚拟的真实环境，但也能使学生对真实环境有更多的了解。而在游戏中的成功与失败也让学生的情感体验更加丰富。

值得注意的是，游戏是为了实现教学目标而采取的一种手段，而不是仅仅为了活跃课堂气氛，因此教师必须根据教学需要选用。教师运用游戏化学习软件要注意以下几点：要将游戏和教学内容有机地结合起来，围绕教学目标展开游戏化学习；要根据具体的教学内容选择适合的时机采用合适的游戏，还要根据教学目标、学生特征、客观条件等因素选择恰当的游戏；有些教学内容可能不适合采用游戏的形式，那么就不进行游戏化学习，切忌为了游戏而游戏。另外，要注重游戏的内涵，不一定要用"纯"游戏，也可以把游戏思维和游戏精神运用到教学中去。

二、游戏化学习的教学设计

1. 教学设计要求

在学生的游戏化学习过程中，教师应发挥引导、辅助和支持的作用。为了使游戏化学习发挥良好的作用，教师应该做三件事：第一，教师必须在许多学习应用中找到适合学生学习的游戏化学习软件；第二，教师必须深刻理解教学目标；第三，教师必须了解如何使用游戏促进教学效果的达成，达到教学目标。要做到这三点，教师不仅要精心备课，还要认真分析游戏化学习软件。游戏化学习软件有很多可学习的内容，教师应根据教学目标引导学生正确使用游戏化学习软件进行学习，这无疑对教师提出了更高的要求。只有在教师的精心指导和大力支持下，游戏化学习才能发挥良好的作用。

目前，在小学和初中阶段，主要发挥游戏化学习的动机价值。在课堂教学中选择合适的游戏，激发学生的学习兴趣。[①] 此外，教师还可以吸纳教育游

---

① 尚俊杰，裴蕾丝. 重塑学习方式：游戏的核心教育价值及应用前景 [J]. 中国电化教育，2015（5）：41-49.

戏的设计特点，通过完善教学引导设计、增强学习内容的趣味性、增加学习内容与生活之间的联系、明确教学任务、使用奖励机制等方式，将完成学科教学目标和激发学生的学习动机结合起来，给予学生游戏化的学习体验。

2．教学设计模式

有研究者设计了将游戏关卡与教学设计融合的模式，如图 4－4 所示。具体分为四个步骤。①

（1）问题与情境：进入游戏场景后会出现一段导入动画，导入要解决的问题。

（2）探索与尝试：这与游戏中的探索性问题相对应，让学生通过探索和尝试，解决问题，通过这一关卡。

（3）拓展与应用：这与游戏中的应用性问题关卡相对应，使学生能够将所学的知识应用到实际的复杂问题中。

（4）解释与交流：游戏中的教学活动不仅包括学生之间的交流与讨论，还包括游戏中的任务提示。当学生遇到困难时，游戏中的提示会给出相应的解释和帮助。任务提示可用于所有关卡。

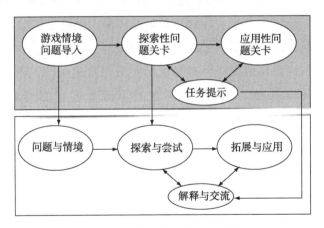

图 4－4　教学过程和关卡结合模式

---

① 田兴彦，李波，张顺．一种游戏化教学设计模式 [J]．计算机技术与发展，2010，20（10）：47-49，53．

三、基于信息技术的游戏化学习案例

2017 年，美国未来教育科技大会（Future of Education Technology Conference）的主题之一就是基于信息技术的游戏化学习。[①] 随着信息化教育的发展，教育游戏的设计与开发成为教育信息化发展的一个方向，并呈逐年增长的趋势。然而，教育游戏软件再多，怎样在课堂中对它加以利用，是每位想要开展游戏化学习的教师需要思考的问题。

1. 使用教育游戏平台或 App 开展游戏化学习

最常见的游戏化学习的手段是利用教育游戏软件。教育游戏是"将生命的体验与乐趣变为学习的目的与手段的一套工具和方法论"。教育游戏吸引学生的元素有虚拟角色设计、任务情境设计和闯关激励设计。教育游戏平台或 App，从孩子爱玩的本质出发，展示了生动形象的动态画面，通过设置巧妙的任务情节，将学习内容和游戏任务整合起来，让学生在有趣的情境中学习，完成各种挑战，给学生带来良好的互动学习体验，保持他们对学习的兴趣和专注。学生在玩游戏的过程中完成了学习目标。

应用最广泛的教育游戏平台有挪威的专为课堂趣味问答设计的 Kahoot! 平台（https：//kahoot.com）、基于在线小游戏的学习网站 Arcademics（https：//www.arcademics.com）、深圳公司开发的学习英语的游戏"幻境游学"等。除此之外，还有很多网站支持学生进行学科知识的游戏化学习，比如学习数学方程式的游戏网站（http：//www.dragonboxApp.com），学习物理知识的二维物理模拟器游戏网站（http：//www.algodoo.com），了解和学习社会学知识的游戏网站（http：//www.afroes.com/games）。在网站 http：//open.163.com/special/openclass/wise02.html 上有 40 个教育游戏的网站合集。

---

① 黄宁宁.数字时代的游戏化学习［J］.上海教育，2018（35）：38-40.

美国 High Point 小学使用游戏软件学习学科知识①

在 High Point 小学，学生用 14 个游戏软件学习数学、英语、历史、科学、音乐、美术等学科知识。以数学学科为例，三年级的学生可以在平板电脑上通过玩一款"穆斯数学"（Moose Math）的冒险游戏学习数学，如图4-5所示。在"穆斯数学"中，学生可以选择一个宠物作为自己在数学世界的向导，在一个个生动有趣的动画情境里互动打怪、过关升级，完成学习的任务。学生每完成一项任务就会获得相应分数，分数积累到一定程度，会得到不同的奖励或奖章，并且会看到奖章的班级排名。四年级的学生在学习完新课之后，可以玩"数学与僵尸"（Math Vs Zombies）游戏。在游戏里，学生是一名训练有素的科学家，通过数学技巧治疗受感染的僵尸。通过这个游戏可以测试学生们对所学知识的掌握情况，帮助学生提高加减乘除的运算技巧。

图 4 - 5　Moose Math 软件截图

卡通的形象，有趣或有意义的情景，及时的奖励和排名，对于低年级的

① 黄宁宁. 数字时代的游戏化学习［J］. 上海教育，2018（35）：38-40.

小学生来说具有较强的吸引力。所以，在这样的教育游戏中，学生乐意去完成任务，即使任务是和学科知识相关的。

使用互动学习游戏平台 Kahoot！玩知识抢答的游戏[①]

如图 4 - 6 所示，Kahoot！是一个基于游戏的能够实现课堂实时反馈的网络评估平台。不需要下载 App，操作简单，任何能够上网的设备都支持该平台的使用，它是教师课堂教学与管理的好助手。Kahoot！支持教师在平台上创建讨论题、调查问卷、小测试、复杂问题等，实现多种评价手段。Kahoot！支持多个学生同时在线答题，并具有实时反馈的功能。

首先，教师将事先做好的 Kahoot！游戏带入课堂，学生通过移动设备参与。教师可以在题目中加入视频、图片等多媒体辅助手段，而答案则用不同颜色的图形代替，学生可以在自己所携带的移动设备上进行选择。选择的时限可以由教师自行设定，从 5 秒到 120 秒都可以。教师可以在出题时确定好正确答案和所对应的分数。

图 4 - 6 Kahoot！软件截图

---

① 苏颖. Kahoot：增强外语课堂互动性和趣味性的网络应用 [J]. 中国教育技术装备，2016（24）：43-44.

Kahoot! 游戏激发了学生参与游戏环节的兴趣，活跃了课堂气氛，让学生之间有了更多的互动，而且最重要的是，在游戏竞争中学生对知识也进行了巩固。

2. 利用电子书包环境支持游戏化学习

"电子书包"是指整合了学生的教材、作业本、课内外读物、学科软件等学习资料和学习工具的、可联通网络的移动终端，最常用的终端是平板电脑。电子书包集成了许多学习资源和功能，为学生的游戏化学习提供了一个非常完整的学习环境。

案例分享

电子书包环境下的 *Animals* 游戏化教学设计[①]

在这堂小学英语课中，教师在课堂教学中的新课导入、学习新知、巩固练习和迁移运用四个环节均进行了相关的游戏化学习设计，如图 4-7 所示。

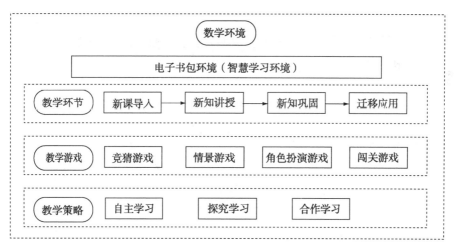

图 4-7 *Animals* 的游戏化学习实施流程

---

① 李施，李艳华. 面向智慧教育的游戏化学习案例设计：以小学一年级英语教学为例 [J]. 中小学电教，2016（12）.

教师以一个动物竞猜的小游戏导入新课，在电子书包中滚动展示相关动物的图片，规定学生按照图片中的动物做与动物相关的动作，并说出图片中是什么动物。

　　在讲授新知环节，教师借助游戏为学生创设了一个真实的英语学习情境。游戏背景是一个动物的 Party，在其中有许多小动物，由教师向学生介绍（讲解）其中的小动物用英语怎么说，剩下的由学生以小组合作探究的方式完成。

　　在巩固环节，教师设计了角色扮演和养成类两款游戏，学生可以自由选择。

　　在知识迁移与运用环节，学生独立完成电子书包中的闯关游戏。

　　整堂课以游戏贯穿始终，设计相当用心。每个环节的游戏都很合适。相比于只在其中一个环节采用游戏的学习方式，本节课更能体现游戏化学习的完整性。但是这种整堂课采用游戏化学习的方式，也对教师设计教学、把控课堂的能力提出了很大的挑战。此外，电子书包环境对游戏化学习来说是一个很好的助力工具。

第五节　基于信息技术的混合式学习

一、混合式学习的内涵

　　"混合式学习"一词来源于英文 Blending Learning 或 Blended Learning，是人们对传统的面对面教学方式和远程网络教育（在线学习）进行深刻反思后，形成的一种学习方式。在国内，"混合式学习"的概念是由何克抗教授提出并倡导的。他认为，在 21 世纪"混合式学习"的新含义是："要把传统学习方式的优势和 e-Learning（即在线学习或网络化学习）的优势结合起来。也就是说，既要发挥教师引导、启发、监控教学过程的主导作用，又要充分体现学生作为学习过程主体的主动性、积极性与创造性。"① 所以，混合式学习是面对面教学与在线学习的结合，二者优势互补，可获得最佳的学习效果。在这个过程中强调教师主导作用与学生主体地位的结合。

混合式学习最本质的核心是以适合教学内容传递和学习者学习的技术手段呈现具体的学习内容，并在此过程中运用适当的学习和教学方法。在如今的信息技术环境下，可供我们选择的媒体工具也是多种多样的，我们尽可以选择合适的媒体工具来支持我们组织混合式学习。比如，在课堂中可以使用笔记本电脑、平板电脑和智能手机接入网络查找学习资源。

在多种教学理论的指导下，混合式学习也是多种学习方式的混合。混合式学习方式比单一的学习方式更有优势。针对不同的学习内容，我们可以灵活地采取多种学习方式，比如自主学习、协作学习、探究式学习、基于问题的学习等。

二、混合式学习的教学设计

1. 混合式学习的设计模式

黄荣怀教授等根据相关理论研究与实践经验，提出了混合式学习课程设计框架，即"前端分析"、"活动与资源设计"和"教学评价设计"三个阶段。② 其中，"前端分析"阶段包括学习者特征分析、基于知识分类的学习目标分析和混合式学习的环境分析三方面的工作，其目的是分析课程是否适合开展混合式学习。"活动与资源设计"阶段的工作由混合式学习总体设计、单元（活动）设计和资源设计与开发三个环节组成。"教学评价设计"是课程设计的最后一个阶段，主要通过学习过程的评价、课程知识的考试和学习活动

---

① 何克抗. 从 Blending Learning 看教育技术理论的新发展（上）[J]. 中国电化教育，2004（3）：5-10.

② 黄荣怀，马丁，郑兰琴，等. 基于混合式学习的课程设计理论 [J]. 电化教育研究，2009（1）：9-14.

的组织情况评定等方式对教学效果进行评价。如图 4-8 所示。

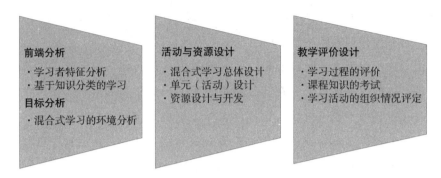

图 4-8　混合式学习课程设计框架

2. 混合式学习活动设计

活动设计在混合式学习课程设计中占有特殊重要的地位，是混合式学习能否成功开展的关键。因此，教师需要对学习活动进行精心的设计和有效的组织，以更好地促进学习者的学习。黄荣怀教授认为，各个单元活动由"活动导入""制订计划""实施计划""评价与分享"四个环节构成。四个环节的具体内容如图 4-9 所示。

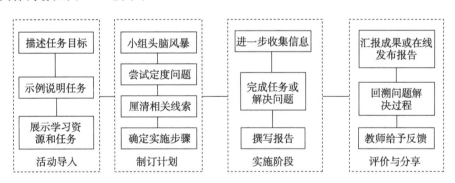

图 4-9　混合式学习活动设计

3. 混合式学习效果评价

在对混合式学习的效果进行评价时，鉴于混合式学习的复杂性，单一的评价方式很难对它进行有效评价。因此，国外有学者提出了混合评价

(Blended Assessment)的概念,他们认为对于混合式学习效果的检验,应该采用综合的评价方法。因此,研究者们对混合式学习的效果的检验,采用形成性评价与总结性评价相结合的方式,并且综合考虑在线学习和面对面学习两种方式下的学生表现情况。此外,还有研究者设计了调查问卷,从学生的学习态度和学习满意度等方面检验混合式学习的效果。从研究者的研究结果来看,采用混合式学习的方式,学生普遍有较高的满意度,并且取得了较好的学习效果。

三、基于信息技术的混合式学习案例

随着我国教育信息化的深入开展,以及教育理念的进步,一些中小学教师和高校研究者们也开展了混合式学习的研究,包括理论研究和教学实践两方面。① 中小学的研究集中在教学实践研究方面。由于混合式学习方式结合了面对面教学和网络学习,所以需要教师选择合适的网络学习方式。现在的网络学习方式有很多:可以基于常用的社交软件,如微信及腾讯 QQ 平台;或者基于网络学习平台,如 Moodle 平台、Blackboard 平台、天空教室(SkyClass)、SAKAI 平台以及近几年兴起的 MOOC 平台(如 Coursera 平台)等;还可以使用电子书包等集成性的学习环境。

微信支持下的移动混合式学习②

化学教师创建了一个叫作"中学化学"的公众号。在上课的前一天教师将第二天将要学习的知识上传到该公众号中,然后让学生预习第二天要学的

---

① 马志强,孔丽丽,曾宁.国内近十年混合式学习研究趋势分析:基于2005—2015教育技术领域学位论文 [J].现代远距离教育,2015(6):73-81.

② 苏娜,王升文.微信支持下的移动混合式学习方式在中学化学教学中的应用 [J].中学化学教学参考,2017(16):59-60.

知识。这些知识可以反复学习。学生回复一个关键词，如输入"酸、碱、盐及弱电解质的电离平衡"时，就会出现酸的概念、碱的概念、电解质的概念、弱电解质的电离平衡等基础知识点，并且在下面还有相关知识点的测试题，用来检验学习成果。在总复习的时候学生只要打开该公众号输入关键词就能找到相关内容。微信的好友聊天、微信群聊和朋友圈的功能可以支持师生互动、生生互动。教师可以将课上遇到的比较难理解或者有争议的题放到班级群里让学生相互讨论，然后再加以点拨，且学生可以设置为匿名状态，有利于生生或者师生的互动交流。

微信作为一种即时通信工具，可以通过网络快速发送文字、语音、图片和视频，为在线学习中师生之间的交流互动提供有力的支持。微信公众平台可以将学习资源整合到一起，便于学生获取，以提高学生的学习效率。可见，微信可以作为混合式学习的在线平台。

电子书包支持的混合式学习①

小学四年级英语下册 Unit 8 *Sports stars* 是一节活动课，主要围绕体育明星让学生展开讨论。每名学生都配有电子书包，教室中配备黑板、电子白板及网络等。学习过程如下：

（1）情景创设，激发兴趣：利用电子白板播放回顾 2008 年北京奥运会的精彩视频，在一个真实的文化环境中进入本课话题，并提出问题：How many sports stars do you know? How do you know them?

（2）网络支持，搜索信息："Which sports stars are they?"教师利用电子白板呈现几个体育明星的别称"超级丹""全能王""跳水皇后"等，让学生猜猜有这些别称的体育明星分别是谁，并将全班分成 5 个体育明星组。因势利导："Can you tell more about them?"引导学生利用电子书包的网络搜集所在组所负责的体育明星的相关资料。

（3）思维引导，建立支架：利用电子白板呈现"Daqing iron girl"的短文给学生阅读，然后通过"What do you know about her?"等问题引导学生反

---

① 黄明燕. 混合学习环境下电子书包应用模式初探［J］. 现代教育技术，2013（1）：30-33.

馈并建立思维导图。教师在黑板上具体说明如何画思维导图，学生利用共享里的导图模板，整理之前的相关资料，为自己喜爱的体育明星构建思维导图。

（4）Wiki 协同，网络读写：电子白板呈现"Let's make a big introduction with your groupmates."建议，组织学生在电子书包的 Wiki 平台上围绕自己课前选择的体育明星组开展写作，建立词条库，遇到不会的单词就查金山词霸；由组长整合各组员的词条并形成一个本小组的词条，各小组成员再进行编辑，形成最终词条；组长将最终词条创建在 All sports stars 分类中，组员浏览和编辑其他组的最终词条。

（5）拓展延伸，发展能力：教师利用电子白板展示一个介绍一位外国体育明星的 PPT 电子板报；布置学生课后以同样的形式制作、汇成体育明星电子板报集，保存在自己的电子书包学习档案库中。

本案例中混合使用了电子书包和电子白板两种技术，使用了电子书包的播放视频、网络搜索、创建思维导图、创建 Wiki 词条、金山词霸等功能，使用了电子白板的展示功能。在这两种技术的支持下，学生的学习方式也不是单一的，既有自主探究，又有协作完成任务。媒体和学习方式的双重混合，促进了学生的知识建构，使学习更有效率。

基于云平台的古诗《春晓》的混合式学习①

我们依据教学大纲和教学目标，设计了基于学乐云平台的混合式学习的教学流程。下面结合古诗《春晓》的学习从导入新课、讲授新课、巩固练习、拓展应用、评价反馈等教学环节进行课堂实施。

导入新课环节：教师通过展示"春"的图片，并随机点名学生回答"你们喜欢美丽的春天吗？你怎样把自己喜欢春天的心情表达出来呢？"引入本节课的教学内容。

讲授新课环节：首先，教师通过 AI－class 资源带领学生认识并学习生字，学生初读古诗，整体感知古诗情境；其次，教师通过制作的 PPT 课件逐

①　汪存友，张丽君，张丽静.基于云平台的混合式学习在中小学古诗词教学中的应用 [J]. 中国教育信息化，2019（18）：80-82.

词逐句讲解诗句，引导学生梳理古诗脉络，使学生对古诗有更深刻的了解，并能够体会诗人当时的心情，学生在了解古诗大意后再次朗读并背诵古诗；再次，教师播放古诗伴乐，让学生有感情、有节奏地背诵古诗，在音乐的感染下，使其感受情景交融的景象，加深对古诗的记忆；最后，点名学生背诵古诗并复述诗句大意，加深学生对学习内容的理解。

巩固练习环节：教师通过学乐云平台"作业"模块布置针对性练习，学生在学生端作答并及时提交作业，教师通过数据分析结果了解学生作答情况。

拓展应用环节：教师布置作业让学生画出自己心目中的"春晓"图，加深对春的认识，并将每个学生的画通过学乐云平台"随堂反馈"功能展示给全班学生欣赏，同时将作品共享到班级圈，家长可以通过家校平台关注作品。

评价反馈环节：教师通过学乐云平台对学生练习的结果的自动分析，了解学生的知识掌握程度；教师通过平台将学生在拓展应用环节的作品进行共享，设置相应的评价维度引导学生进行自我评价和同伴互评。

本案例的混合式学习基于云平台，教师利用云平台呈现多媒体课件、进行教学互动等，有助于学生对古诗词的理解。同时，云平台给了每个学生展示自己的机会，增强了学生学习的兴趣；也让师生之间、学生之间有了更充分的互动，家长也可以参与到评价中来，更多的反馈有助于学生对自己作品进行改进。

本章提供了几种信息技术支持下学生学习方式改变的做法，并进行了相关的案例介绍。比如，利用教学软硬件开展探究性学习，通过微课或者网络实现自主学习，利用社会性软件进行协作学习，在教学中适当引入教育游戏资源进行游戏化学习，还有结合传统学习和在线学习的优势的混合式学习。

信息技术的发展一直在带动学习方式的变革。作为一线教师，能够做的就是合理使用信息技术，开展探究、自主、协作、游戏化或者混合式的学习方式，培养新时代学生应具备的、能够适应终身发展和社会发展需要的必备品格和关键能力。

第五章

教师怎样用信息技术做好评价

随着信息技术的发展，可以使用信息技术对学生的学习进行全面、科学的评价。信息技术支持下的教学评价从多个主体、多个维度来评价学生，并且更加注重学生的学习过程数据，关注学生的个体差异，促进学生个性化、全面发展。

第一节 关于信息技术支持下的教学评价

一、信息技术支持下的教学评价的概念

1. 教学评价的概念

教学评价是指依据教学目标，运用一系列评价技术和手段评量教学过程和教学效果，并做出价值判断的过程。其目的是为学生的发展和教学的改进提供依据，以提高教学效果。教学评价是教学活动中必不可少的环节。教学评价主要有诊断、激励、调节和教学四种作用。

教学评价主要包括两个核心部分：对教师教学工作过程的评价和对学生学习效果的评价。对教师教学工作的评价一般从教学设计、教学过程、教学资源的开发等方面来开展；对学生的学习效果评价主要从学生的学习过程和学习结果两个方面来开展。由于当前课程改革强调教学评价要"以学生发展"为中心，因此，教学评价也应当更加关注对学生学的评价。美国学生评价专家帕雷斯和艾娅斯认为："任何针对学生评价的根本目的，都在于促进学生有意义的学习。"关注学生学的评价，即以学生的学习过程为评价对象，根据学习目标，运用适当有效的工具和方法，系统地收集学生在学习过程中所学知识和技能的信息和证据，得到学生实现目标的过程，判断学生是否达到预期教学目标。通过对学生的评价，激发他们的学习动机和潜能，帮助他们认清自己的学习过程并发现问题，掌握自己的学习结果，从而促进学生的有意义学习。

2. 信息技术支持下的教学评价的概念

随着计算机技术、互联网技术、多媒体技术等信息技术的发展，教育信息化在不断地推进，微课、翻转课堂、混合式学习、智慧课堂等新的教学方

法、教学模式开始出现。这种变化同时带来了信息化环境下教学评价的改变。

信息技术支持下的教学评价是指根据信息化教学理念，运用信息化的评价技术、评价手段对信息化教学过程进行测量和价值判断的活动①，为改善学习效果提供依据。在信息技术的支持下，学生的学习过程能够得到精确完整的记录，学生的很多方面的素质能够得到评价，多方评价主体也可以共同参与评价过程。因此，信息技术支持下的教学评价注重利用信息技术来收集学习过程中的实时数据，重视学生多方面的发展和多元主体持续交互的评价。

二、信息技术支持下的教学评价的特点

利用传统手段进行的教学评价，大多以终结性的学期末考试作为主要的评价手段，虽然也会考虑到学生在课堂上的表现，打出平时分，再将平时分和期末分以一定的比例作为最终的评价，但是这样的评价还是"唯分数"，主要评价的内容还是学生的知识技能掌握情况，没有关注到学生的思维、情感、能力等综合素质的变化，学生拿到分数后并不知道自己在哪些方面得到了发展，在哪些方面需要提高。这样并没有达到"评价促进学生的学习和发展"的目标。在信息技术的支持下，我们可以关注每个学生的学习过程，关注学生思维、情感、能力等综合素质的变化，再利用学习分析技术对学生的学习数据进行深度分析，真实地评价学生的潜能和学习成就，为促进学生的发展提供全面的信息，实现评价内容更加多元化、评价内容更具过程性、评价结果更加数据化和评价结果更加个性化。

1. 评价内容更加多元化

除了随堂检测和期末测试试卷，学生上交的学习成果如作文、调研分析报告、绘画作品和数字作品等都是常见的评价对象。除此之外，在各种数据收集设备的支持下，我们还可以捕获和分析学生在学习过程中的声音、动作和表情，并可以根据学生的身体表现对其行为投入和情感投入进行分析，使

①　王继新.信息化教育概论［M］.武汉：华中师范大学出版社，2006：144-146.

评价内容更加多元化。

2．评价内容更具过程性

利用信息技术可以保留学生学习过程和学习结果两个方面的数据。因此，在对学生进行评价时，可以对学生学习过程进行追溯和分析，以使评价内容更具过程性。

3．评价结果更加数据化

在信息技术支持下，学生的学习过程和学习结果都能被完整地记录并进行自动分析，最终呈现给教师和学生一个可视化的学习分析报告。基于数据的学习分析报告可以客观地反映学生的实际学习情况，为教学提供更为科学的指示方向。

4．评价结果更加个性化

信息技术可以自动跟踪和分析每个学生的学习状况，并提供学生学习的个人数据。通过对每个学生数据的跟踪和分析，教师可以准确了解学生在一定阶段的学习情况，制定适合每个学生的学习方案，实现个性化学习。

三、信息技术支持下的教学评价原则

关注教师和学生的发展、关注教学活动全过程、评价主体多元化、评价内容全面化是信息技术支持下的教学评价的原则。

1．关注教师和学生的发展

教育是一种塑造人的实践活动，因此在教学评价过程中，要时刻注意以人为本，关注教师和学生的素质培养。这主要包括：重视教师教学能力的提升，重视学生学习能力的提升，重视师生之间良好互动关系的形成，以及重视师生信息化素养的提升。

2．关注教学活动全过程

信息技术支持下的教学评价不能仅仅是结果性评价，应贯穿教学活动的全过程，包括课前、课中和课后，对教学流程每一个环节均进行评价。在互联网、大数据、教育云及各类资源共享平台等信息技术与学科教学课堂的融合下，借助网络和资源平台等可以开展混合式学习和翻转课堂学习，使学生的学习不只局限于课堂上。因此，课前与课后阶段同样应该受到重视。

3．评价主体多元化

评价主体除了教师，还有学生、同伴和家长。必要的时候，还可加入教学管理者。[①] 学生自评、互评，家长、教师参评等多种形式结合，使得评价的结果更加科学、全面和客观，并且学生自评和互评也对学生的发展具有促进作用。

4．评价内容全面化

根据三维教学目标，对学生学习的评价应该包括知识、技能和情感态度三部分，然而现有的教学评价存在"重知轻情"的现象。学生的情感态度也是学习结果的重要组成部分，不容忽视。除此之外，还要关注学生学科思维、创新思维、批判性思维、问题解决等能力的培养。

第二节　信息技术支持下的多元主体教学评价

所谓评价主体，是教学评价的组织者、实施者。按照评价主体的不同，教学评价可分为自我评价和他人评价。自我评价（简称"自评"）是学生个人对照学习目标或评价标准对自己的学习过程和学习结果做出判断和评价。他人评价一般分为教师评价和同伴评价。教师评价是教师对学生个体或小组的学习进行评价，是最为普遍的评价方式。同伴评价也称"学生互评"，即班级里的其他学生对学生个体的学习或小组学习进行评价。

在当前的多数教学中通常是教师主导评价，学生的自评和互评相对较少，

---

① 王丽坤，曲磊，石琛.信息技术与教学深度融合的关键节点及评价指标研究［J］.考试周刊，2016（3）：93-94.

在这种情况下学生的主体地位无法体现。学生是学习的主体，教师应给学生一部分评价的权利，让学生自主评价，在评价中学习。因此，在教师评价之外，必须注重学生自评和互评。

学生自评是学生自我认识、自我分析和自我提高的过程，可以增加学生对自己的认识，提高学生的自我反思能力。学生主要生活在同伴中，从同伴那里得到评价的"生生互评"形式更能激发学生的学习热情和维系学习动力。同伴的肯定性评价更能使学生获得成就感，同伴的否定性评价更能激发学生向着好的方向发展，改变自己得到大家的认可。并且学生互评可以让学生看到其他同学的学习观点，增加学生之间协作学习与交流的机会。

教师在评价活动中起着引导和支持的作用，应为学生营造轻松愉快、和谐向上的评价氛围，告知学生评价标准，教给学生评价方法，建立激励鼓励机制。

随着教学评价理念的发展，评价主体扩展到了家长，甚至是社会人员。在信息技术的支持下，我们可以实施多元主体的教学评价，使多元主体参与互动，形成学生、教师、同行、专家、管理者等多主体共同参与、交互作用的评价模式（图 5-1）。多元主体参与使得评价更加全面，能够保证课堂教学评价的准确与公正。

图 5-1　多元主体互动的教学评价

一、基于在线学习平台的教师评价、学生自评和互评

在线学习平台是指建立在互联网的基础之上，为在线学习活动提供全面支持服务的软件系统。在线学习平台具有丰富的教学功能，一般包括管理系统模块、学习工具模块、协作交流模块、网上答疑模块、学习资源模块、智能评价模块和维护支持模块几个子系统。在线学习平台提供的功能模块支持多种形式的评价。以 Moodle 平台为例，Moodle 平台是一个免费的开放源代码的软件，由于其容易理解和使用方便，在教育教学中得到了广泛的使用。Moodle 平台提供了众多活动模块，几乎所有的活动都带有评价功能。教师在使用 Moodle 平台时可以通过添加作业和测试等发起评价活动。教师可通过展示样例和量规，让学生了解评价的内容、目标和方法。

澔奇教学互动系统支持学生作文多轮互评①

对于六年级习作课"我喜欢的一种美味"，教师基于澔奇公司研发的iWonder（澔奇）教学互动系统，实施作文教学互评。在确定主题和搜集资料之后，学生根据搜集到的资料，运用软件绘制写作思路或大致框架的思维导图，并上传至教学互动系统中。根据上传的思维导图，小组成员之间先进行互评，然后全班范围内互相点评，最后教师总结建议。根据同学和老师的建议，学生进行修改，然后将改好的内容再次上传到教学互动系统中，形成最终作文框架。学生通过互评互改，完成作文框架。学生根据作文框架完成作文初稿并上传至教学互动系统。随后，教师讲解如何把文章内容写具体，指导学生如何修改作文，提出了作文修改的步骤、修改的方法。学生根据教师的讲解，各小组内部进行互评或提出建议，学生根据不同的评价、建议或者

---

① 蔡欣.基于电子书包互评互改的作文教学：以六年级习作课为例［J］.中小学电教：教师版，2015（5）：44-46.

反思修改作文初稿。学生上传作文二稿后首先进行小组间互评，然后全班同学互相点评（要求每个学生至少点评不同组的3～5篇作文），最后教师总结建议。学生根据不同的评价再次修改作文，并形成终稿，可以配上图片、视频等，上传至系统。教师在系统上对学生的终稿进行评分（作文互改过程如图5-2所示）。

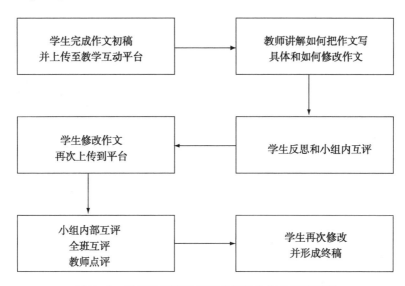

图5-2 澔奇教学互动系统支持学生作文多轮互评

经过小组内互评、全班互评、教师点评，学生对作文进行多次修改完善。在点评他人作文时，学生可以学习他人的优点；在根据他人的评价对自己的作文进行修改时，学生会反思自己的不足。在这个过程中，澔奇教学互动系统发挥了分享展示、支持评价的功能。

利用 Moodle 平台模块功能开展多元化评价①

应用 Moodle 平台，教师布置了如下作业：阅读热力学相关资料，结合所

---

① 啜玉涛.应用课程管理平台实现多元化评价 [J].中小学数字化教学，2019（1）：92-94.

读内容制作手抄报，拍照上传。教师与学生一同设计了"作品评价量规"。

学生提交作品到 Moodle 平台后，教师发起评价活动。师生在评价过程中严格按照量规进行评价，借此加深学生对知识的内化，促进学生深入探究。每个学生先根据量规自评，并随机评价 5 位同伴的作品。教师对所有作品给予评价，打分并写评语。这样，每件作品会有 7 个分数，系统取平均值作为最终得分。

本案例使用了 Moodle 平台的添加作业和发起评价的功能。在评价中包括自我评价、同伴评价和教师评价，实现了多元主体评价，使得对作品的评价更加科学。在这个过程中，充分的展示和有效的评价促进了学生完善作品。

二、应用智能课堂教学 App 的教师评价、学生自评和互评

随着手机、平板电脑等移动设备的普及，及其良好的交互性、便携性、丰富的应用程序和网络化服务，许多教学 App 在教学中得到了普遍的应用，为信息技术支持课堂教学评价带来了新的手段。教学 App 可以为课堂教学提供便捷的检测和及时的评价反馈。智能课堂教学 App 辅助教学面向全体学生，关注每个学生的动态，满足了学生个性化、多元化的学习需求。

智能课堂教学 App 可以轻松实现教师评价、学生自评和互评，充分体现了评价主体的多元化。在学生练习的过程中，教师应用软件统计功能及时掌握学生对新知的掌握情况，根据情况及时调整教学行为。在学生分享作业后，教师能及时对全体学生进行点赞评价和文字反馈。这样教学针对性更强，也有利于师生沟通。

智能课堂教学 App 辅助下的教学评价可以更好地发挥学生的主观能动性。学生之间可以互相点赞或用文字和语音进行评价。学生也可以自主学习与交流，对每项任务完成情况进行自评。这样不仅便于教师查看和及时了解每个学生的感受，也培养了学生的自主探究能力和反思总结能力。

智能课堂教学 App 答题[①]

教师应用智能课堂教学 App 让学生在限定的时间内答题，对各个学生答题进展（速度）以及是否存在困难等情况实时掌控。学生能及时知道自己的答案是否正确并查看解析；教师也能知道哪道题正确率最高，有哪些重难点没有突破，然后做针对性的讲解，或让学生分成小组探讨解决难题。

用 13 根、14 根、15 根小棒能摆出多少个正方形呢？

数学课上，学生在平板电脑上可以随意移动小棒，亲身参与摆正方形的活动，将摆的过程录下来，分享至班级圈，还可以将活动的过程拍照上传。每个学生都可以对上传的活动记录进行点评，并在课上完成交流和改正。在学生分享作业后，教师通过评分和评级及时与学生交流，让学生及时得到反馈，从而巩固新知。

以上两个案例说明，智能课堂教学 App 支持教师评价和生生互评等，使得师生之间的交流更加便捷。

三、应用电子书包的教师评价、个人自评和小组互评

随着网络技术的不断普及，电子书包已经成为很多课堂学习中的一种辅助工具。在华东师范大学项目组制定的《电子课本与电子书包术语》国家标准草案中，电子书包的定义是"一种个人学习的信息化环境的集成体，它整合包括了电子课本的内容（资源）、电子课本阅读器（设施）、虚拟学具（工具）、数字化学习终端（设施），以及连通无缝学习服务（平台）"[②]。在这里，

---

① 陈薇亦. 智能课堂教学 App 的应用与探索：以"有余数除法的认识"为例 [J]. 中小学数字化教学，2020（1）：85-88.

② 胡耀春，姜庆. 基于电子书包的翻转课堂学习活动设计 [J]. 中国教育信息化，2016（10）：5-8.

将电子课本阅读器和虚拟学具进行整合，统称为虚拟学具。因此，电子书包的四个主要组成部分及各部分的作用如图 5-3 所示。学习内容、虚拟学具、学习服务和学习终端分别是电子书包的内容提供、工具支撑、服务支撑和硬件承载。其中，学习内容处于电子书包的核心位置。①

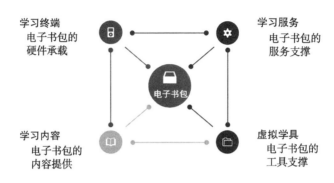

图 5-3　电子书包的结构组成

从学生的角度来看，电子书包具有以下功能：提供学习内容，除了"电子教材"，还包括丰富的网络学习资源；提供各个学科的学习工具，学生可以通过相应的操作进行探究学习；提供及时的学习反馈，给学生的学习过程提供支持；记录学生的学习过程，为教学评价提供依据。

电子书包为学生的学习提供了一个完整的智慧学习环境，电子书包中整合了丰富的学习软件，支持个人自评、组内和组间互评以及教师评价。

电子书包支持下的教师评价和学生互评

在"有丝分裂与减数分裂专题复习"教学中，教师首先使用"电子书包"的"文件发送"功能，将课堂教学需要的学案发至每个学生的平板电脑。然后，教师请学生在平板电脑上"拖动"细胞，为不同的细胞图像排序。教师

---

① 马晓玲，杨飞，吴永和.电子书包概念、应用实例及功能分析 [J].现代教育技术，2014，24(5)：103-110.

使用"电子书包"的"监控"功能及时查看，可以查看全班学生，也可以查看一个小组或某一名学生。最后，随机选取两名学生，让他们借助"监控"功能，将自己动手操作的结果呈现在大屏幕上，与同伴交流、展示。在此过程中，学生会思考并修改排序时出现的错误，教师可从旁点拨和辅助。如此，流畅而自然地实现了师生评价、生生互评。

电子书包支持下的学生自评和互评

在"有丝分裂与减数分裂专题复习"教学的"小组绘制曲线，理解有丝分裂与减数分裂 DNA、染色体数目变化"环节中，借助"电子书包"的"分组监控"功能开展活动：①请学生画 DNA 含量变化的曲线，数字为 1 的组画有丝分裂，数字为 2 的组画减数分裂，然后利用"监控"先后对"群组 1"和"群组 2"绘制的结果进行展示。②请学生画染色体变化曲线。这回反过来，数字为 1 的小组画减数分裂，数字为 2 的小组画有丝分裂。这样安排可让学生既熟悉有丝分裂又熟悉减数分裂。这样小组学习既可以体现组内的合作互助，又可以面向全体学生，大大提高学生的参与度。③就屏幕上每组呈现的同一任务的曲线，师生共同点评，对于错误的地方用画笔标出来——请学生分析错误的原因并改正。

电子书包的功能丰富，借助电子书包，两个案例都非常流畅地实现了多元主体的评价，学生思维、课堂气氛活跃，课堂教学效果良好。

四、使用社交软件实现学生互评和家长、社会多方评价

社交软件在生活中的应用非常普遍，常见的社交软件有腾讯 QQ、微信和新浪微博等。社交软件由于其通信交流的属性，可以支持多方通过文字、图片、音频和视频等形式进行实时和非实时的交流。因此，将其应用到教学评价中，可为实施教学评价的多方参与提供非常有力的支撑平台。

1. 使用 QQ 实现学生互评和家长评价

腾讯 QQ 是我们生活中应用非常普遍的一种社交软件，而且它在教育教

学中的应用也十分普遍。QQ 群可以实现一个团体的相互分享和交流，班级 QQ 群是各科教师与家长及学生进行线上沟通的最常用的平台，教师可以在 QQ 群里传达学校的要求，分享学生的表现，分享学习资料，以及解答学生的学习疑惑，等等。针对学生的学习表现（包括课堂行为和作业），学生之间可以通过 QQ 互相留言发表意见，实现学生互评，当然，也可以通过 QQ 群的文件共享功能，请家长参与到学生的学习评价中来，发挥家长在学生学习评价中的作用。家长参与教学评价可以激发学生的学习积极性，改善学生的学习表现，也可以使家长更加了解孩子的学习情况。

使用 QQ 平台开展多元作文评价①

语文教师将学生写得比较好的作文通过扫描以图片的形式发布到班级 QQ 群中，让学生利用课外时间阅读，并在 QQ 中发表自己的评价意见。许多学生家长也纷纷参与到了作文评价之中，家长既对自己的孩子进行评价，也对其他孩子进行评价。这样的评价使学生在写作中得到了更多的指导与帮助。

使用 QQ 平台开展作文评价，不仅让学生参与到了作文的评价之中，也让学生家长参与到了作文评价之中，使得作文的评价角度更加多样，有助于学生从多个角度修改作文，使作文更加出彩。

2. 使用微信公众号实现多类型读者参与评价

因为使用群体广泛以及传播方便，微信公众号成为传达思想、分享作品的一个非常高效的平台，并且申请个人微信公众号非常简单。在微信公众平台上，用户可以发布包含文字、图片、音频、视频的文章，还可以和阅读者进行投票、点赞、转发等形式的交互。通过微信的朋友圈功能，微信公众号的内容得以实现广泛的阅读和传播。此外，关注微信公众号的粉丝可以留言

---

① 闫惠兰.用信息技术引导学生开展多元作文评价的尝试［J］.语文天地（小教版），2017（2）：50.

评论，被选中的留言可以展示在评论区。如今，很多教师都开通了自己的微信公众号，借以分享自己的教学感悟和教学经验等；或者是开设了班级的微信公众号，分享班级开展的活动，展示学生的风采、学习心得等。以语文习作课为例，微信公众平台给学生习作创设了一个展示与交流的平台。利用微信公众平台发表学生的课堂习作，可以得到多方评价，从而提高学生的写作能力。

微信公众平台推送学生优秀习作获得多方反馈[①]

　　语文教师申请了个人微信公众号，定位"习作欣赏"，定期推送学生优秀习作。微信公众号平台的留言功能，使学生习作评价的主体由任课教师变为其他班级和学校的语文教师、作家、写作爱好者、有一定写作素养的家长、毕业生等多种类型的评价者，将教师的单一评语变为多个评价者、多种类型、多个角度的网络留言评价。这些优秀的评价通过电子书包的"响应"功能，以截图形式呈现在学生面前，评价反馈快速。作家和文学爱好者对学生习作的评价是多维的。我校课外辅导员作家在点评学生习作《那一次，我真想家》时如是说："这篇文章很棒！语言轻盈、灵性，又不乏细腻生动；叙事结构和节奏也不错，情感比较深刻，是个有才情的孩子。此文如把题目改一下，再将结尾那句话改成'青涩的柚子仍然挂在枝头，不知道在这个季节它是否会变成金黄？'或许会更好些……"知名作家对学生习作的专业化点评，让学生受到极大鼓舞，学生主动修改习作。这一展示形式，因其传播的广泛性，再加上多维评语的反馈，让学生在写作活动中获得了极大的成就感和明晰的修改方向。

　　微信公众号的开放性，使得评价的主体扩展到了学校之外的专家（知名

---

　　①　盛华玲.依托多元化展示平台，构建作文评价生态系统［J］.中小学数字化教学，2019（5）：37-39.

作家），这使得学生的作文得到了社会上更广泛群体的指导，不再局限于学校内部，更有利于提升学生的写作水平。

3. 使用微博实现多方评价

微博，即微博客（MicroBlog）的简称，是一个信息分享和获取的平台。我们较常用的是新浪微博（https://weibo.com/）。微博是当前自媒体时代信息的重要传播途径之一。和腾讯 QQ 一样，新浪微博可以组建师生微博群，教师与学生可通过该群组分享知识、开展讨论。和腾讯 QQ 以及微信相比，新浪微博的开放性更强，在不需要添加关注的情况下，就可以进行留言评论，因此交流起来更加便捷。

新浪微博的话题讨论功能是其独特优势。新浪微博话题是基于社会热点、个人兴趣等内容形成的相关专题页，页面将自动收录以"♯话题词♯"形式发布的相关微博。微博用户在微博上发布带话题的帖子，可以发起一个主题互动，其他微博用户可以进入话题，发布跟帖，参与讨论。这一功能应用到教学中也可以实现非常有效的学习效果。

微博展示语文小故事实现留言互评①

在学习了课文《孙膑》之后，教师布置了课后个性作业。学生到教师的微博上参加题为"孙膑身上有哪些品质具有现实意义"的讨论（http://weibo.com/xbwt16）。用小故事的形式体现人物性格，写 400 字左右的人物小传，或者选择《史记》中的人物进行评价，上传至教师博客中（可转至微博进行留言并互评，并根据评价修改完善）。

利用博客和微博作为展示平台，学生不仅能够通过"评论"功能发表自己的观点，而且能够通过"回复"功能相互交流。通过阅读学生的互动留言，

---

① 刘佳，张恒，游婉冰.《孙膑》教学设计 [J]. 中国信息技术教育，2012（2）：9-11.

教师也能更好地把握学生的学习情况。

第三节 信息技术支持下的多维内容教学评价

一、基于即时反馈工具的知识掌握情况评价

课堂教学是教学活动的主要形式，课堂教学评价是提高课堂教学质量的关键环节。在课堂上师生之间进行问题互动，可以对学生在课堂上掌握的知识和技能进行及时的检测，对课堂教学效果进行及时的反馈。这里介绍几个可以在课堂上进行互动答题的平台，这些平台支持教师在教学过程中及时地对学生的知识掌握情况进行评价。

1. Quizizz

Quizizz 是印度公司开发的一个教学辅助网站。和其他网站相比，Quizizz 网站打开速度快，并且使用方便。学生无须注册，也不用下载 App，只要在 PC 或手机端打开网站（网址为：http://quizizz.com），输入会议码，即可参与互动。

如图 5-4 所示，Quizizz 的教学实用性很强，可以提供随堂测验、知识拓展、学情报告等功能。Quizizz 的测验具有较强的娱乐性，支持几十位同学共同答题，网页的一边是秒表的倒数计时，一边是参与答题的学生的实时排名，为答题提供了紧张刺激的氛围。

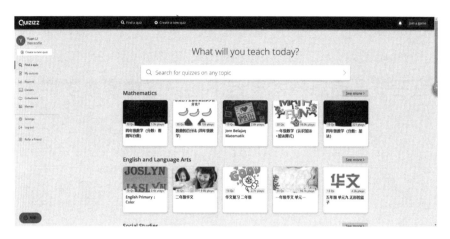

图 5 - 4　Quizizz 网站截图

2．Kahoot！

Kahoot！（https：//kahoot．com/）是一款来自挪威的风靡全球的游戏化学习平台，应用于全世界很多学校的课堂教学中，教师可以利用这个平台在线开展游戏化测评，提升课堂教学的互动性和趣味性。教师可以在这个平台上创建各种类型的课堂问答，包括测试、讨论、问卷调查等，为课堂教学中的不同活动提供相应的支持。当教师设置完题目后，这些问题都会以游戏化的形式展现出来，供学生参与答题，答题的结果以积分排行的形式呈现。在课堂中应用 Kahoot！可以分三个步骤："准备"、"互动"与"评价"，其中"准备"和"评价"由教师操作。在学生互动答题时，系统会播放生动有趣的画面和背景音，每完成一道题目，系统会提供即时回馈，这样测验的过程如同玩游戏一样，既有趣味性，也能达到测试的目的。

移动端的多屏幕互动是 Kahoot！的特色，每个学生都可以通过自己的个人设备，比如手机或者平板电脑等登录 Kahoot！官网，加入教师在网站上发布的"测试游戏"中及时回答和抢答。在此过程中，教师还可以设置倒计时功能，为学生的游戏化测试增添紧张的气氛。完成整个测试后，学生也可以看到自己在全班的排名。教师将对学生的答题准确性、易错题目、排名等进行全面的数据分析，并对后续的课堂教学做出科学的决策。图 5 - 5 是 Kahoot! 软件截图。

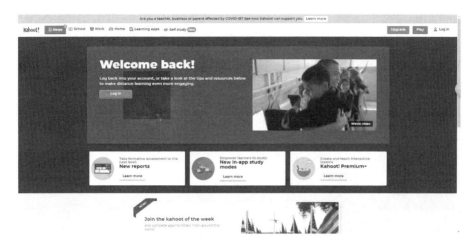

图 5 - 5　Kahoot! 软件截图

Kahoot! 的拼图游戏实现课堂形成性评价[①]

五年级教师吉娜·鲁夫科恩（Gina Ruffcorn）利用 Kahoot! 的拼图功能让学生在现场游戏和自学中进行拼写练习。游戏中，学生将信息块按正确的顺序排列，并正确组合字母拼写单词。这一功能将拼写练习变成了一个有趣的互动游戏。

Kahoot! 把单词的顺序打乱，呈现给学生几个拼图块。学生必须把拼图块正确地拼在一起。在课后，吉娜会查看学生在拼写上存在问题的单词，并且做一些词源分类，然后根据对上一次游戏结果的分析重新开始一个拼图游戏。

吉娜·鲁夫科恩说道："在每个 Kahoot! 中，我都会查看详细的报告，看看哪些问题是最简单或最难的，看看哪些问题需要更多的支持。我有时甚

---

① Puzzles are perfect to practice spelling! ［EB/OL］.［2020-05-02］. https://kahoot. com/blog/2020/03/18/practice-spelling-puzzles/.

至给拼图打分，以此来提高那些成绩不好的学生的拼写能力。Kahoot！作为练习和评估的工具，灵活性非常棒。没有混乱，没有难以辨认的笔迹，没有纸上的橡皮擦破的洞。Kahoot！是练习拼写最完美的方法！"通过参与Kahoot！拼图游戏，学生的拼写成绩也有了显著的提高。

Kahoot！的游戏性对于学生来说具有很强的吸引力，并且弱化了检测带来的紧张感，让学生在没有心理负担的情况下达到了学习新内容或者检测学习情况的目的。

利用 Kahoot！游戏化学习平台开展生物题测试[①]

教师可根据个人授课主题、内容和对象设计个性化的 Kahoot！案例试题。首先，点击"创建"（Create）进入试题创建界面。然后，选择要创建的题型（选择、排序、讨论和调查问卷），各类题型可在不同教学环节中发挥不同的功能。选择题是教师最常用的一类题型，几乎适用于所有的教学内容。对于针对特定知识点的随堂小测，它可及时检测学生对所学内容的理解和掌握情况。

教师从电脑中选择想让学生尝试的测试。开始测试时系统会自动生成一个 6 位房间代码，学生利用移动终端设备登录网站，输入房间代码和游戏角色名称后即可参加答题环节。学生可在自己的设备上进行个人赛或小组合作团队竞赛。一旦学生输入了一个名字，这个名字就会出现在中央显示器上，当所有的学生都参加了测试，教师就可以开始游戏了。学生需要从中央屏幕上阅读问题，然后尽快完成 Kahoot！提出的任务。一旦每名学生都回答了问题，屏幕上就会显示出正确的答案，并根据准确率和速度对学生进行评分。测试结束后，系统将会显示获胜的学生或团队的名字。

Kahoot！的游戏性让随堂检测更具趣味性，提高了学生的参与兴趣，激起学生参与竞争以证明自己的求胜欲。

---

① 李洋，豆丹阳，王健. Kahoot！游戏化学习平台在生物学教学中的应用［J］. 生物学教学，2019，44（6）：41-42.

二、微信辅助思维可视化评价

思维能力的发展对学生的一生具有重要的影响，培养和发展学生的思维能力是学校教学的重要任务。但是，思维具有抽象的内隐的特点，需要借助一定的手段才能以具象化的形式外显出来。"思维可视化"即把可视化技术引入教育教学领域，运用一系列图示技术把本来不可视的思维（思考方法和思考路径）呈现出来，使其清晰可见的过程。① 目前教学中常用的思维可视化工具主要有思维导图和概念图等类型，代表性的计算机软件有 MindManager、XMind、Inspiration 等。

如今，QQ、微信等社交软件的应用已经非常普遍，无论是家长还是学生都能运用自如。这些社交软件也可以作为辅助学生表达自己思维过程的很好的工具。现在很多教师会利用 QQ 群或者微信群，布置学生进行主题"打卡"活动，比如对于假期每天的英语背诵、课外读书情况等，要求学生通过图片或者视频的形式发布到群里，教师再对比进行点评。学生利用微信的小视频功能录制视频，说出自己的解题思路，以此展示解决问题的思维过程，有助于学生进一步巩固和理解所学知识，有助于教师及时了解学生掌握所学知识和技能的程度并适时改进课堂教学。

微信辅助"说数学"呈现学生的思维过程②

对于数学练习题中的错题，教师给学生布置了"说数学"的作业，让他们拍小视频并分享到班级微信群。

[原题] 一顶帽子 27 元，手套比帽子贵 5 元，一双鞋 45 元。

问：（1）帽子比鞋便宜多少钱？（2）一副手套多少钱？（3）晶晶有 50 元

---

① 刘灌源.基于"未来课堂"的思维可视化研究 [J].中国信息技术教育，2013 (1)：83-84.
② 冉兴容.微信辅助"说数学"，实现思维可视化 [J].中小学数字化教学，2019 (12)：33-36.

钱，想买一顶帽子和一副手套，钱够吗？

先计算，然后在相应的括号里打"√"。

（　　）够　　（　　）不够。

第（3）问，学生第一次作答：50－27＝33（元），33－32＝1（元），最后选择"够"。由于减法计算错误，导致最后作答错误。在"说数学"订正时，学生的思维方式又不同。该学生这样解释：有50元钱，想买一顶帽子和一副手套，要知道钱够不够，可以把它们的钱数合起来（在说的同时，还用了手势表示合起来，可得知学生理解了加法的含义并会运用），列式计算为27＋32＝59（元），但晶晶只有50元钱，必须要59元才能买到这两样（物品），可见钱"不够"。从学生的解释来看，其思路是先计算要买的物品的总价，再把需要用的钱和已有的钱相比较，判断结果。无论是结果大于50还是小于50，运用这样的思路都可以进行最后的判断。这说明学生已经能够合理运用加法的含义解答够不够的问题。

本案例使用语言表达的方式来呈现学生的思维过程，为思维可视化提供了一个新的思路。把思路说出来，对于文字书写能力不强的小学低年级学生来说是一种非常适用的方式，这种方式使得实现思维可视化更具可行性，有利于发展学生的思维能力，值得推广。

三、基于眼动技术的思维过程评价

在人观看计算机屏幕时，实质上是人眼与计算机屏幕上的内容进行交互，人眼视线的变化往往反映了他内部的认知、思维和情感信息。因此，使用眼动技术对人眼视线进行追踪，可以捕捉他当时思维的变化过程。眼动技术是指利用计算机控制的眼动仪跟踪记录并分析人在观看屏幕的过程中眼睛观看的位置和眼球运动形式的一种技术。[①]

---

① 周华杰，王志．眼动技术在国内二语习得研究中的应用［J］．教育教学论坛，2018，355（13）：72-73.

眼动技术是通过眼动仪来实现的。眼动仪能真实、客观地反映观看者的认知过程，它是对思维进行记录和分析的重要辅助设备。眼动仪可以记录人眼运动的空间变化以及在某个位置停留的时间，并由此生成两个图供分析：眼球运动轨迹图和热点图。当眼球运动的注视时间大于 100 ms 时，眼动仪将产生一个注视点，该注视点由一个圆点表示。眼球运动轨迹图显示了注视点的位置和顺序，反映了眼球运动的过程。热点图则是用不同的颜色表示注视者对某个区域注视的时间长短，没有注视点的区域不显示热点图。因此，通过热点图，我们可以很清晰地发现屏幕中每个视觉对象对观看者的吸引程度。

在信息技术环境中，学生会利用电子智能设备（手机、平板电脑、台式计算机等）进行阅读或做练习等学习活动。因此，可以把眼动技术应用到对学生利用智能设备的学习过程的监测中，记录学生的学习思维过程。

眼动技术可以以较少的干扰实时获取学生的认知活动和心理状态，展示学生在解决问题的过程中的思维策略，使教师客观、全面地了解学生的学习进展，从而较客观地评价学生，并有针对性地设计教学指导方案。今后，将这一技术与计算机在线评价相结合，可以使学生得到更加及时的反馈和个性化的指导。[1]

基于眼动的学生地理空间问题解决过程[2]

本研究采用 EyeControl V2.0 眼动仪记录数据，其采样频率为 100 Hz，以此获取高中生解决地理空间问题时的眼动轨迹及热点图。

我们选择如图 5 - 6 所示的地形剖面图，主要是为了探察学生在解决地理空间转换问题过程中的思维过程。通过对学生的眼动轨迹进行分析发现，回答正确的学生在阅读题目后，首先对剖面线进行注视观察，留意剖面的最高

---

① 靳来鹏，禹东川.眼动技术：个性化评测的新"武器"[J].中小学管理，2017（2）：37-37.

② 曾敏，卢晓旭，孙裕钰，等.基于眼动的学生地理空间问题解决过程研究：以"等高线地形图中剖面线地形特征判读"为例[J].中小学数字化教学，2019（5）：87-89.

点，接着对比四个选项中地形剖面图的最高点，并结合对左侧坐标轴"高度"的观察，初步确定备选选项。随后，学生的视线返回等高线图，观察地形图的右侧部分，留意最低点，并结合其与周边地形的相对高度，进行地形趋势判断。最后，学生的视线返回选项，聚焦观察四幅地形剖面图的 b 侧，最终确定正确选项 A。

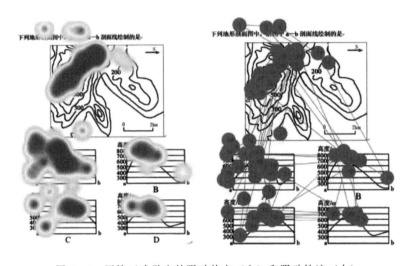

图 5-6　回答正确学生的眼动热点（左）和眼动轨迹（右）

通过眼动仪记录学生在分析题目时的眼动热点和眼动轨迹，教师可以获知学生的思维过程，为思维错误的学生提供有针对性的指导。

四、基于概念图的知识结构评价

1. 概念图内涵特征

概念图是由美国康奈尔大学的 Novak 教授在 20 世纪 70 年代末提出的，目前被广泛地应用于课堂教学和教学评价中。它是一种以图表的形式反映概念和概念之间关系的知识结构图。[①] 概念图主要包括节点、连线和连接词三个

---

① 朱学庆. 概念图的知识及其研究综述 [J]. 上海教育科研，2002（10）.

部分。节点就是置于圆圈或方框中的概念。首先要有一个上位的概念，围绕上位概念，展开知识分支。连线表示两个概念之间的意义联系。连线可以有方向（单向或双向），也可以没有方向。连接词是置于连线上的表示两个概念之间意义联系的词组，如"属于""包括""决定"等。如图 5 - 7 所示的概念图示例呈现的是化学知识——物质的组成。

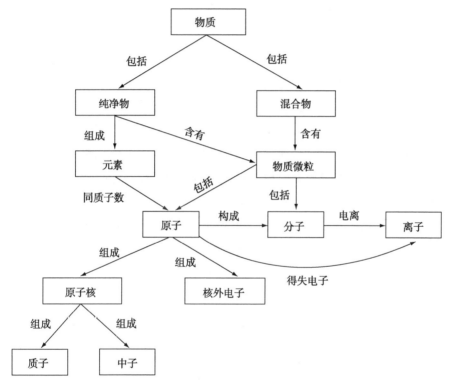

图 5 - 7　"物质的组成"概念图示例

2. 概念图评价

　　由于概念图可以展现学生头脑中的知识结构，所以，学生所画的概念图也可以作为评价学生学习结果的对象。通过对学生所画概念图进行分析，教师可以掌握学生对概念之间关系的理解程度，发现学生理解中的漏洞，帮助学生建立起正确的知识网络。

对概念图的评价主要有两种方式：客观性评价和主观性评价。[①]客观性评价主要是呈现给学生不完整的概念图，通过填空题、选择题等客观化的方式来考查学生，这种方式客观可靠，容易施行，但允许学生自由发挥的空间小，不能完全发挥概念图的作用。主观性评价主要是让学习者就某一主题自主绘制概念图，这种方式可以展现出学习者头脑中的概念结构，但评价过程较为复杂。对此，不同的研究者给出了不同的评价体系，目前得到普遍认可的是Novak对概念图测试的成绩计分方法。

概念图评价可以用于诊断性评价、形成性评价和终结性评价。在课堂教学之前，让学生画出关于上次学习内容的概念图，教师可以把握学生对已有知识的掌握情况，完成诊断性评价。在课堂教学中，教师可以事先做出一个标准的概念图，然后制作一个在一些关键的概念节点和连接词的地方留出空白的副本，让学生在学习过程中根据自己的理解将其补充完整。之后将学生制作的概念图与标准的概念图相比较，从而发现学生在学习新知识时存在的疑惑和问题，实现形成性评价。在课堂教学或者一个单元教学结束之后，教师可以让学生根据自己对所学知识的理解，构造本节课或者本单元所学内容的概念图。通过对学生绘制的概念图进行分析，教师能够了解学生对所学知识结构的掌握情况并给出具体的评价、指导学生的学习及调整后续的教学活动。

3. 概念图制作软件

常见的概念图制作工具有软件 Inspiration、MindManager、CmapTools等。在线协作绘图平台 ProcessOn（网址：https://www.processon.com/）有强大的作图功能，支持在线创作概念图等多种图。表5-1是对几种常见的概念图制作软件的对比分析。它们有一个共同的缺点：从概念图教学来看，只提供概念构图功能，不能全面支持概念图的教学活动（比如对制作概念图的指导，对概念图的评价，等等）。

---

① 何向阳，祁玉娟. 概念图的评价研究 [J]. 软件导刊（教育技术），2009（3）：85-88.

表 5 - 1 常见的概念图制作工具①

序号	名　称	简　介	特　点
1	Inspiration	美国 Inspiration 公司开发的一种专用概念图软件	界面友好，构图方便。 提供大纲和图形两种视图。 拥有丰富的图标库，所做的概念图形象美观。 提供多种类型的概念图模板。 具有文件格式转换功能。 单机运行的软件，不支持网络功能
2	CmapTools	西佛罗里达大学开发的一种共享概念构图软件	构图方便，可在概念图中插入图片和超链接。 提供网络合作概念构图的功能。 既可以将概念图存在自己的计算机中，也可以将概念图上传至指定的服务器，形成丰富的概念图资源库
3	MindManager	Mindjet 公司开发的功能强大的概念构图软件	构图方便，可在概念图中插入图片和超链接。 支持 storm 模式，可以很方便快捷地进行"头脑风暴"。 带有演示模式。 具有项目计划，可以和 Project，Word，Outlook，PowerPoint，Web 很好地集成

　　不论采用何种方式制作概念图，所遵循的基本思路和基本步骤是一致的，一般为：列出含义最广的概念，置于图的顶端；向下添加具体的概念；在概念之间创建连线，在连线上添加连接词，标明概念之间的联系；对不同层级的概念进行交叉连接，形成概念间的网络结构；不断修改完善概念图。

---

　　①　概念图的制作工具有哪些[EB/OL].[2020-05-02].http://www.xuexila.c.

案例分享

高中必修一"匀变速直线运动"概念图测试[①]

教师运用 Inspiration 软件，以概念图的理论为基础，设计了高中必修一"匀变速直线运动"一章的基础知识掌握程度测试图，并用该图对高一年级部分学生进行测试。

针对匀变速直线运动的基础知识设计概念图，从对基础概念的识记以及对概念和概念间相互关系的深入理解两个角度，考查学生对这一章基础知识的掌握情况。

取某校高一普通班的 15 名学生和重点班的 10 名学生（分别用 A、B 编号）为样本，共下发测试卷 25 份，回收测试卷 22 份。考查时段放在学生学过高一物理必修一第一、二章、期中考试之后。测试方式是以开卷的形式进行。评分标准以每小空 1 分计。

从概念图在教学过程中的应用效果来看，教师不仅可以了解学生对知识点和知识体系的认识和理解程度，还可以详细了解学生对某个知识点在理解上存在的错误或漏洞，充分了解学生形成的知识结构，从而在以后的教学中调整教学策略。

构建知识概念图指导试题编制，检测学生的知识结构[②]

选择 s 小学四年级 4 个班级共计 148 名学生为研究样本。学生在之前利用微课学习了数学教材中"四边形"主题的内容。

首先，分析教材内容后归纳出七个概念，即四边形、平行四边形、长方形、正方形、梯形、等腰梯形、直角梯形，依照其内在关联建立起概念图，指导试题编制。编制试卷的思路：一道测题中既包含相关概念，也包含概念间的联系。例如，在考查平行四边形与长方形的关系时，编制的题目是"平

---

① 樊昉. 以"匀变速直线运动"谈概念图在高中物理教学评价中的应用 [J]. 数理化学习，2018（6）：13-14.

② 张婷婷，杜梅，田振清. 概念图在评析学生知识结构中的一种应用方法 [J]. 内蒙古师范大学学报：教育科学版，2018，31（7）：104-107.

行四边形易变形，当平行四边形的一个角变为90°时，该平行四边形就是一个（　　）"。为了提高测量的信度，针对每一组概念间的关系，都编制三道或以上不同的题目，而且题目有四种题型：选择题、填空题、判断题、作图题。初步编完试题后，与相关任课教师进行多次研讨，几经修改，确保试题类型、内容及难易程度适合学生，最终构成完整测卷。

施测采用纸笔测试和网络测试两种方式。题目中的两道作图题由学生在纸质试卷上完成，考试时间为10分钟；其余的包括选择、填空、判断在内的三种题型共计19道题在网络上作答，时间设置为30分钟。学生在规定时间内提交试卷。回收试卷之后，进行题目的相关分析，得到学生对"四边形"主题中7个概念之间关联建立的情况。

概念图评价法除了让学生补全或者自己绘制概念图，还可以由教师绘制概念图，根据概念图来编制试题，考查学生的知识结构。这就要求教师能精准地分析教学内容，绘制概念图。在编制试题时，要考虑到概念之间的关系，以及如何用题目表现出来。分析学生的答题结果可得到学生的知识结构情况，教师可以更有针对性地开展教学。

五、在线评价系统支持的综合素质评价

新课程改革要求学生多方面发展，全面提高综合素质，因此学生综合素质评价是学校素质教育过程中的一个重要环节。学生综合素质评价是以学生素质的各个方面的发展状况和水平为评价对象的教育评价活动，是对学生发展阶段进行全面调查和综合衡量的评价机制，其最终目的是促进学生的全面而有个性化的发展。

在传统的综合素质评价手段下，学生综合素质的表现可以通过学生综合素质评价记录表或者学生成长记录手册来记录，并给学生发放纸质星卡作为激励。但是，评价记录表或者学生成长记录手册的评价方式在数据收集、分析、时效等方面已经不能满足现代管理的需要。随着信息技术的快速发展，借助在线评价系统交互性强、信息储存时间长以及智能化数据分析快的强大

优势，使用在线评价系统记录每个学生在德、智、体、美、劳各个方面的表现，可以为实施综合素质评价提供依据。

现在很多地方或学校都已经投入资金开发和管理学生综合素质评价系统，以满足学校对学生综合素质评价的需求。比如，清华大学附属中学学生综合素质评价系统，上海市普通高中学生综合素质评价信息管理系统，安徽省合肥市第八中学的基于 GPA 学分管理的数字化评价系统，江苏省连云港市的学生综合素质评价"数字化积分平台"，深圳市第二实验学校的综合素质评价平台，巴彦淖尔市教育局开发的学生综合素质评价系统……在线评价系统为每一名学生的表现提供记录和展示的空间，并有相应的激励政策。教师及时将学生的每节课、每个课间、每个实践活动表现的关键行为记录到系统中，班主任和家长可以第一时间掌握学生的素质发展情况，并在一定的时间向学生公布表现情况，学生也可以掌握自己的表现。例如，班主任老师可以通过综合素质评价系统排行榜，对上周班级中每个学生的行为习惯、学习情况、体育锻炼、艺术活动等进行总结、点评和表彰。依据大数据提供的学情，班主任可以思考和规划整个班级管理，有针对性地与学生进行交流和沟通。

案例分享

河南省沁阳市实验小学"星级多元化在线评价"①

2016 年，实验小学推出"星级多元化评价"网络版，实现了记录、评价、反馈、晋级等数据收集的高效运作和科学精准：由原来的主要关注学生认知、结果、校内表现到同时重视行为、过程的全方位呈现，使评价更全面；由原来的月评价、周评价发展到每天评价、即时评价，使评价更及时；由原来的侧重集体整体的模糊评价转变为侧重个体个性的精准评价，使评价更科学。

大数据给刘老师的班级管理带来了方便和快捷。根据"星级多元化在线评价"系统提供的数据信息，她会每天表扬进步学生、先进事迹，课下与个

---

① 张立强，张志勇，陈班艳.让每一颗星都绽放出最美的光彩：河南省沁阳市实验小学"星级多元化在线评价"发展纪实［J］.中小学数字化教学，2019（5）：83-86.

别学生交流谈心，每周对借助大数据评选出的学生进行总结、表彰，并根据学校班级排行榜调整自己的教育重点和方法，有针对性地开展教学。目前，全校179名教师每天都能主动使用评价系统，100%的教师坚持利用五维分析图和成长折线图，对学生进行个案分析、个性化培养，100%的教师每天评价学生超过40人次。

家长通过家长App端实时查看孩子的即时表现，对孩子的德、智、体、美等方面有更全面的了解，有针对性地对孩子进行教育，与教师进行有效交流和沟通。100%的家长参与到孩子的每天评价中，及时在线查看孩子当下表现，每月在线查看学生当月综合素质报告，学校每学期进行线上评比、表彰、奖励。

在线综合素质评价系统对学生的表现进行了数字化的管理，并实现智能分析，既减轻了教师的分析负担，也使得对学生的综合评价的开展更加便捷、科学。

苏州市平直实验小学校综合素质评价平台①

苏州市平直实验小学校综合素质评价体系从"人文底蕴""科学精神""学会学习""健康生活""责任担当""实践创新""学业水平"七方面综合评价学生的发展。基于大数据系统分析，从主观评价转向精准的数字化客观评价，实时反馈动态评价；帮助学生记录成长性足迹，也帮助教师记录教学发展轨迹，促进师生关系和谐；鼓励家长共同参与到教育中，多了解孩子学习、生活情况，学习正确的指导方式，实现学生和家长共同进步；应用激励机制引导学生在学校生活、家庭生活、社会生活和大自然的实践中去体验，不断发掘自己的潜能。构建以促进学生全面发展为目标的综合素质评价体系，促使学生多方面发展。

每学期，家长根据孩子在课余时间的表现，从"人文底蕴""科学精神""学会学习""健康生活""责任担当""实践创新"六方面综合评价孩子。每

---

① 苏州市平直实验小学校综合素质评价体系正式上线运行！[EB/OL].[2020-05-05].http：//pzsx.gusuedu.cn/info/1083/5539.htm.

项每学期有 5 次评价机会。家长搜索微信公众号"云痕大数据"并添加关注，点击"查看学情"进入"云痕家长"小程序，输入手机号、验证码，绑定后就可以参与评价。在学情分析栏目，家长可以及时了解孩子语数英及科学学科的学业水平；在综合素质栏目，家长可以参与评价，并了解孩子六个方面的发展情况。图 5-8 是"云痕家长"的小程序界面。

图 5-8 "云痕家长"小程序界面

六、基于大数据技术的学业质量分析

随着计算机技术和网络技术的发展，人们在各大网络平台上越来越活跃，留下了大量的数据，如登录时长、浏览记录、操作频率等。这些数据纷繁复杂，却蕴含着各种信息，通过大数据分析技术对此进行处理、分析便可获得巨大的价值。

在教育领域，随着网络教学 App 和网络学习平台的普及应用，学生在在线学习环境中进行了很多学习活动，如资源浏览、发言交流、提交作业、参与测试等，进而形成了大量的学习行为和学习结果数据。对这些数据进行分析，便可了解学生的学业质量。大数据技术为学业质量监测分析、诊断提供了有效的技术支撑，使教育评价从"经验主义"走向"数据主义"，从"宏观群体评价"走向了"微观个体评价"。

在传统的教学环境下，教师过分强调对学习结果的分析，根据结果分析对学生的学习行为进行干预；而在大数据环境下，除了要分析学习结果（学习成绩），同时要考虑到学习过程，即收集学生在学习过程中产生的各种行为数据，然后运用学习分析技术对行为数据进行分析，根据结果，我们可以对学生的学习行为和学习成绩进行评价和干预，掌握学生的学习特点，判断学生的发展趋势，为学生定制更有效的干预方案和改进措施，实现学生的个性化发展。

案例分享

苏州市平直实验小学基于大数据的学业诊断模式①

苏州市平直实验小学利用学情诊断技术积累了大量的教学数据并生成了大量诊断报告和分析报告等，由此科学、全面地掌握了学生的整体学业情况。学校应用"基于数据诊断的学业质量监测技术"旨在改变传统的学业诊断模式，利用大数据进行连续且有针对性的常态化数据采集，形成个性化的错题本、诊断报告、学习包、学生学业信息档案、学科内容诊断报告单等，以全面监控教学情况。同时，依据"最近发展区"及"差异教学"理论指导教师开展精准教学，显化学生的学习印迹，从而实现智能评价，构建学习服务生态。

在教学评价中利用大数据分析技术，使教学评价不再基于经验，而是通过采集和分析大量的学生数据，得到每个学生的全面的诊断结果，从而优化教学过程和开展个性化的指导。

---

① 董晨. 大数据支持下的教育质量监测和诊断分析［J］. 中小学数字化教学，2019（5）：17-20.

第四节　信息技术支持下的不同类型教学评价

一、基于信息技术的诊断性评价

诊断性评价是指在某项教学活动开始之前，为使教学计划更有效地实施，对学生的知识、技能及情感等状态进行的预测性的评价。通过这种预测可以了解学生的学习准备状况，以判断他们的学习起点，为新课的教学设计提供参考。很多在线测评网站都可以用来开展诊断性评价。在这里，以使用比较普遍的"问卷星"网站为例。在上一节中提到，概念图也可以作为诊断性评价的工具。

1."问卷星"检测学生的前置知识水平

问卷星（网址：https://www.wjx.cn/）是一个免费的在线问卷调查平台，具有问卷调查、在线投票、在线考试等强大功能，并能智能地进行数据收集和统计。

教师首先在问卷星网站上创建在线考试。考试题目类型包括单选题、多选题、填空题、矩阵题等多种题型。除此之外，还可以导入图片。教师确保问题编辑无误之后，将考试链接或二维码发布到班级QQ群中。学生在参加测试后，可以马上看到自己的分数及做错的题目。教师还可以设置"答题后在题目旁边展示相关知识点"，这有助于学生对照发现自己的错误原因并改正。教师可以在网站上打开后台管理，通过"查看下载答案"下载Excel表格。在该表格中可以看到每个学生的总分及每个题目的得分情况，由此可以发现得分率低的题目，即学生普遍掌握不好的知识点，方便教师在课堂上进行有针对性的讲解。

图 5 - 9　问卷星搭建在线考试

使用问卷星检测学生的课前自学效果[①]

在进行"计算机中的信息单位"一课的教学时，教师通过腾讯视频网站为学习者提供用于自主学习的微视频，并使用问卷星平台设计与微视频内容相应的测试卷，以此检测学生的自学效果。教师将微视频、检测试卷的网址和二维码同时发到班级微信群、QQ 群中。

学生根据教师发放的导学单，使用智能手机、平板电脑等扫描二维码或使用计算机打开对应网址，即可按照自己的进度学习微视频，并进行自我测试。在学习和检测的过程中，教师通过微信和学生互动，指导学生学习。当学生提交试卷后，问卷星平台会自动显示测试结果，并给出每题的反馈信息，以便学生自我诊断。

教师在问卷星平台上可以查看详细的统计数据，如平台会提供每道题的

[①]　刘勇，余剑波，马建军."视频网站＋问卷星＋微信"组合在教学中的应用 [J]. 实验教学与仪器，2016，33（2）：45-47.

详细数据，并以各种统计图的形式直观地加以展示。教师可以很直观地看到该选择题中每个选项被选中的百分比。另外，也可以从整体上浏览每个学生的完成情况（正确率）。这些统计数据为教师设计课堂教学活动提供了详细的学情分析和数据支持。

在课堂教学前使用问卷星对学生的自学情况进行测评，学生可以自我检测学习效果，教师也可以获知班级整体学生的预习情况，发现普遍存在的学习困境，以便调整教学。

2. 使用概念图对学生知识结构进行诊断测评

概念图的提出者 Novak 教授认为，传统测评方式只能了解学生针对零散知识的掌握程度，无法了解学生的知识结构，而概念图正好填补了传统测验的这一缺陷。利用概念图可以清晰地反映知识结构的特点进行诊断性评价，可以从学生当前的学习问题入手，根据概念关系寻找学生的知识漏洞，为课程设计提供客观准确的依据。

◇◇◇◇案例分享◇◇◇◇

使用概念图诊断性测评学生的知识结构，设计个性化的辅导①

学习完相应课程后教师设计了初中物理力学的概念图。该概念图反映了学生进行力学学习时的知识结构，这为教师追寻学生的知识漏洞提供了搜索路径。之后教师设计了对应概念图中各概念的测评题目。根据"关系究因诊断性测评"的步骤，逐步对学生进行测试和评价，搜寻学生在每个概念上的知识漏洞。关系究因诊断性测评所得的测评路径图（图5-10）反映了学生掌握的知识结构存在问题的部分。通过分析测评路径图，教师可以确定并组织相应的课程内容并实施教学。经过一次路径调整和两次课程实施，学生的成绩得到了明显的进步。

---

①　黄睿航，尹睿.基于概念图的关系究因诊断性测评研究［J］.教育信息技术，2014（10）：44-48.

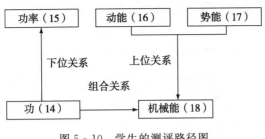

图 5 - 10 学生的测评路径图

案例中提出了一种基于概念图的关系究因诊断性测评，利用概念图反映知识结构的特点，诊断学生的知识体系中的薄弱点，可以比较精确地找到学生的学习问题所在，据此为学生提供个性化的辅导。但是，从花费时间上来看，这个方法的过程相对比较复杂，所以只适合对个别有学习困难的学生进行学习问题的诊断。

二、基于信息技术的形成性评价

形成性评价，是指在一节课或一个单元的教学过程中为了解学生的学习情况，以及发现教学中存在的问题以进行及时的调整而进行的评价。有了形成性评价，教师就有了给学生即时反馈并立即采取相应干预的能力。当形成性评价的结果表明某一特定教学方法或教学策略对学生不起作用时，教师可以及时改变方法或策略；当形成性评价的结果表明学生已经掌握了某一概念或技能时，教师可以继续为学生提供新的、有难度的学习任务，或者继续新内容的教学。形成性评价贯穿于整个教学过程，有助于教师不断塑造学生的学习体验。

1. ClassDojo 记录学生课堂表现，助力形成性评价

美国互动式教学管理平台 ClassDojo，可以准确记录学生在课堂上的表现，进行评分和评价，从而鼓励学生不断提高。ClassDojo 的使用非常直观：教师给每个学生分配一个虚拟角色，然后根据学生一天内的表现进行加、减分。如果学生有一天表现好，就会得到一个"微笑"，也就是说，加 1 分。如

果学生有一天犯了错误，就会受到"打击"，即扣 1 分。ClassDojo 可以从几天到一个学期跟踪学生的表现，教师可以借此向家长提供学生这一时期表现的最终结果。图 5 - 11 是该软件的截图。

学生名单可以用投影仪显示。当学生犯错时，名字旁边会出现一个大大的红色"－1"标记。没有一个学生会想在这个排名中垫底，所以 ClassDojo 所做的就是激发学生的竞争力。

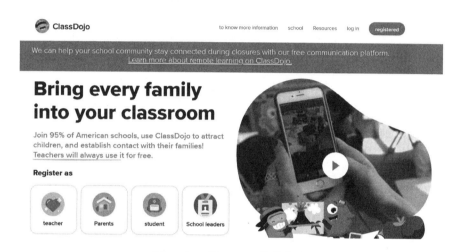

图 5 - 11　ClassDojo 软件截图

案例分享

信息技术课堂教学中使用 ClassDojo 对学生的表现及时评价[①]

在小学四年级"软件下载与安装"课程教学中，软件下载与安装主要由学生操作，而学生自主操作最容易造成课堂混乱。因此，在学生的操作环节，教师通过 PPT 向学生展示纪律要求和操作要求，以规范操作实践中的个体行为。在小组全部达到这两个要求后，小组才能得到积极的行为反馈。学生如果在操作过程中帮助他人，也可以得到积极的行为反馈。学生如果在操作过

---

① 邱钰. 基于 ClassDojo 的小学信息技术课堂管理实践研究 [J]. 中国教育信息化，2016（8）：79-82.

程中打开不相关的教学窗口或随意交谈或走动，就会得到相应的不良反馈，尤其是特别混乱的小组会整体得到不良反馈。

在巡视过程中，教师随时通过平板电脑对学生进行点评。同时，在对学生的行为进行反馈时，可以将评价量表投在屏幕上，让所有学生选择相应的积极行为或需要纠正的行为。事实证明，被表扬的小组或个人会更加积极，而没被表扬的小组或个人也会向着积极的方面努力。

与传统的信息技术课堂相比，利用ClassDojo来管理信息技术课堂是一个很有效的方法。它能帮助教师更好地管理课堂，改善学生的课堂行为，提高教学效率。

2. 利用电子书包的即时展示功能分享学生的作品

在各个学科的课堂教学中，经常会有随堂的个性化作业。将学生的作业在全班进行展示交流是学习不可或缺的一部分，这也是对学生的学习进行的一种形成性评价。课堂展示交流的方式多种多样，比如简单的语言描述交流，使用实物投影仪进行的投影展示交流，使用智能设备拍照上传的展示交流，以及各类平台为我们提供的更多更有效的展示方式。相比传统的收作业纸和投影展示，新型信息技术让课堂展示交流更加方便快捷。电子书包具有即时展示功能，可以用来分享学生的作品。教师可以直接从学生那里调取提交的作业进行展示。此外，使用分屏功能可以在屏幕上同时显示几份作业，便于对比，以达到更好的展示交流效果。

案例分享

初中作文课堂使用电子书包展示优秀习作[①]

学生人手一个电子书包，运用"智通课堂"中自带的"展示"功能，展示自己的优秀习作或者问题习作（亦可选择匿名展示）。让学生在平板电脑上看到所展示的习作，可以实现对习作的即时肯定或诊断。这种方式反馈迅速，

---

① 盛华玲.依托多元化展示平台，构建作文评价生态系统［J］.中小学数字化教学，2019（5）：37-39.

可以让教师在课堂上实时捕捉学生的兴奋点，并运用"智通课堂"自带的"送小礼物"功能，增加学生学习平台的信用分。分数的直观呈现，让学生非常在乎这种评价模式，更加用心雕琢习作，后期修改也更认真。

电子书包的展示便捷及反馈及时的特点，提高了课堂学习的积极性和课堂形成性评价的时效性。

三、基于信息技术的总结性评价

总结性评价，亦称终结性评价，主要是在教学任务完成后进行的评价，是对教学全过程的综合性测量和检验。总结性评价对学生下一阶段的学习还具有预测、评估的作用。

总结性评价注重过程性评价与结果性评价相结合。按照评价的内容，教学评价可分为学习过程评价和学习结果评价。学习过程评价是指对学生在一个教学的组织过程（一节课、一个单元或者一个学期）中的学习表现进行的评价。比如对学生在课堂上的参与度进行评价。学习结果评价是指在经过一个教学的组织过程之后，对学生最终的学习结果进行的评价。比如学期末组织的期末测试，对期末上交的作品进行评价。

1. 电子档案袋收集学生学习过程数据

（1）电子档案袋的内涵特征

电子档案袋（E-Portfolio）是由学习者个人创立的，汇集了学生学习过程中每个阶段的作品（包括每次修改的半成品）、反思报告及自我评价等内容的收藏夹。档案袋的建立过程对于学生来说是一个体验学习、展示能力和自我了解的过程。这个过程全面反映了学生学习的过程和表现，是学生进行自我评价、同伴互评和教师评价的依据。电子档案袋评价是一种质性评价方式，它依托于现代网络技术对学生的学习过程进行真实性的评价，关注评价的发展性和反思性功能。

（2）电子档案袋的结构组成

我国学者王佑镁综合国内外有关研究与实践，认为一个完整的电子档案袋一般要表现学习者的个人信息、学习记录、学习依据、学习成果和学习反思五大类型信息。[①] 下面以"文字处理模块"为主题的电子档案袋为例（图5-12），展示电子档案袋的结构组成。电子档案袋一般包括了素材资料、学生多次修改作品的版本、评价（包括自我评价、学生互评和教师评价等）以及课堂日志（自我反思、随堂测验）等信息，全程记录跟踪学生的学习、改进和反思等过程。

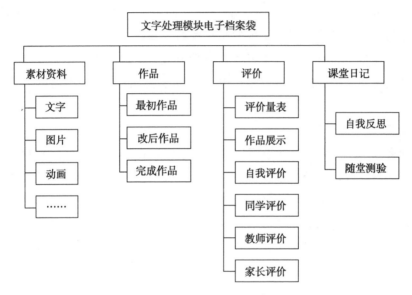

图 5-12 "文字处理模块"电了档案袋的内容构成

（3）电子档案袋的创建方法

① 计算机文件夹管理

建立电子档案袋最方便、最常见的技术是在计算机中建立学习文件夹进行管理。在计算机磁盘中建立文件夹和子文件夹，对学生的读书笔记、实验报告、设计方案、多媒体作品等文件进行科学有序的归类整理。将每一次和上次内容相比有进展的文件进行"另存为"保存，并在命名时加上时间标注进行区分。因此，每一个文件夹都保留了每一次任务完成的过程。所以，学

---

① 王佑镁.电子学档的理论与应用研究［D］.南昌：江西师范大学，2002.

习文件夹是用于收藏学习活动过程中的学习记录的，我们可以根据这些学习记录来评估学习目标实际达到的程度，由此来调整学习进度。[①]

②　使用网络教学平台构建

一些网络教学平台提供了电子档案袋的建立和维护功能，如"清华教育在线"网络教学综合平台就会自动保留学生的学习足迹，允许根据教师设置的讨论板块或者研究性学习项目等，来收集学生的电子作品。具体来说，网络教学平台会自动记录整个学习阶段学生访问系统的次数、每次在线的时间、浏览过的栏目、讨论或者反思的发帖、练习及测试的成绩等。因此，网络教学平台支持学生和教师了解学习过程及学习成果，以便于开展自我评价、同学评价及教师评价。或者可以基于开源网络平台如 Moodle 搭建电子档案袋系统。[②]

③　教育博客

博客（Blog）是一个基于网络的个人空间，在该空间中可以发布原创博文，博文内容可以包括文字、链接、图片、音频或视频文件，也可以转载别人的博文，生成博文目录。我们可以将博文根据内容进行分类，如读书笔记、学习日志、学习反思、收藏夹等，以此来管理博客，建立电子学习档案。教师和其他同学还可以通过评论留言、回复对这些博文内容做出评价，或者通过转载、收藏、分享表达对博文内容的喜欢。因此，博客可以记录学生完成学习任务的全过程，以及与他人互动的过程。

（4）电子档案袋评价的实施流程

电子档案袋评价的实施流程一般包括分析作品、反馈评价结果、引导学生进行反思三个环节。所评价的材料的收集由学生本人负责。在课堂学习中，学生可以把学习成果、学习活动记录、学习作品、评价信息等实时录入自己的电子档案袋中。

①　分析作品

对电子档案袋进行评价，可以采用学习契约和评价量规的办法。这需要

---

①　徐晓东. 学习文件夹评价法的理论与方法 [J]. 现代教育技术，2002（2）：15-21，77.

②　霍娜. 初中英语写作教学中电子档案袋评价应用的实验研究 [D]. 石家庄：河北师范大学，2018.

教师和学生一起预先制定好评价标准和评价量规。根据评价标准，对学生的学习过程和作品进行客观、全面的分析，对学生的知识掌握程度、技能水平、情感态度以及思维的发展进行判断。一般有自我评价、同伴评价和教师评价三种方式。通过多元主体评价，使学生从不同的侧面了解自己的学习状况，能够更加客观地评价自己。

② 反馈评价结果

及时把评价结果反馈给学生。学生只有及时了解评价的结果，才能清楚地认识到自己的不足，并及时纠正问题和完善作品。因为档案袋是一种形成性评价，所以反馈要贯穿整个评价过程中。

③ 引导学生反思

对于评价结果，学生可能不知道如何利用。教师要引导学生对收到的评价结果进行反思，认真分析别人发现的问题，吸取别人提出的建议，完善作品，并最终总结自己取得的进步和存在的不足。

（5）电子档案袋的优点

与传统的评价方式相比，使用电子档案袋评价有如下几个优点：①更有利于学生自我评价。学生通过回顾自己的作品完善历程，能够总结每一次修改的经验，形成对自己较为完整的评价。②更有利于体现公平。因为档案袋中记录的是学生在学习过程中的自然成长过程，而不是某一次的结果，所以更能反映学生的真实学习结果。③更有利于学生互相交流。由于电子档案袋一般是基于网页的形式，所以便于分享，学生们可以互相浏览彼此的作品，借鉴优秀的作品，来不断完善自己的档案。

小学语文作文教学使用电子档案袋评价[①]

为了辅助小学语文教学，研究者立足于 Moodle 开源平台，设计了一个能

---

① 卫月敏.面向小学作文评价的班级电子档案袋的设计与开发［D］.长春：东北师范大学，2012.

够对小学五六年级整个班级的学生的作文能力进行评价、促进班级作文教学的电子档案袋。

针对小学作文评价的班级电子档案袋是指语文教师与班级学生共同建立的一个以班级为单位的电子档案袋，用以存放学生不同阶段、不同类型、不同层次的作品，存储类型可以是文本、图片、音频或视频，可以记录整个班级的作文学习情况。

作文电子档案袋包括评价标准、优秀作品展区、进步作文对比区、自我评价报告、资源百宝箱、荣誉展示区、讨论区这七大部分。存储的类型可以是文本、图片、动画、视音频等。这样使电子档案袋的多媒体形式更加丰富，方便不同学习风格的学生阅读，突出了电子档案袋的优势。除此之外，电子档案袋还针对学生用户、教师用户、家长用户、管理员用户不同的用户角色提供不同的功能。

基于 Moodle 平台的电子档案袋功能齐全，支持学生存储各种类型的文件，保证了学习过程数据的丰富性，并且设计了多种用户角色，支持多元主体的评价。

2. 使用"极课大数据"进行课后检测分析

"极课大数据"是国内一款 K12 阶段大数据精准教学服务平台。该平台基于学习过程的动态化数据采集和智能分析，有效实现个性化教学管理及数据智能驱动的精准教学。

随着大数据技术的发展，"极课大数据"在教育领域的应用也越来越广泛。极课大数据就是通过对学生的大量作业及测试进行统计处理，快速得到详细的学生个体及班级整体的数据分析，以及有针对性的诊断报告和个性化学习包等，从而使教师能够及时了解学生对所学知识的掌握程度，全面细致分析学生的学习状况，以便在后续教学中进行教学策略调整，让教学更具有针对性，达到提高教学效率的目的。

利用极课系统提供的分析数据判断学生对知识的掌握情况[①]

在学习"交变电流"一课之后，学生参与了测试。登录极课系统后，从学生作业成绩的页面和每题正确率的页面，我们可以得到如下信息：（1）每题的正确率；（2）正确率较低的作业题学生错选了哪些选项；（3）该选项上出错的学生有哪些；（4）每一个学生每一次作业每一小题的得分情况……

图5-13是极课系统给出的"交变电流"第1节新授课作业中10道选择题的小题分、平均分对比的统计数据。认真研究数据我们可以从这总体样本中发现学生学习差异和教学效果差异的原因，这为我们调整教学提供了可靠的依据。

题号	年级平均分	A班	B班	C班	D班	E班	F班	G班	H班	I班	J班
1(6)	5.68	5.5	5.4	6	5.4	5.6	5.9	5.9	5.9	5.6	5.7
2(6)	5.61	5.2	5.8	6	5.3	5.7	5.1	5.8	5.7	5.5	5.9
3(6)	5.48	5.1	5.4	5.7	5.4	5.4	5.6	5.7	5.6	5.6	5.5
4(6)	5.43	5.2	5.9	5.7	5.2	4.7	5.4	5.5	5.5	5.4	5.85
5(6)	5.38	5.5	5.4	5	5.5	5.1	5.3	5.6	5.3	5.4	5
6(6)	4.23	4.3	5.3	5.7	4.7	3.4	4.1	3.3	3.6	4.7	3.4
7(6)	4.03	3.7	5.3	4.1	4.3	3.3	3.2	4.9	3.3	3.1	4.9
8(6)	4.1	2.9	4.6	5	4.7	4.4	3.7	5.1	4	3.8	2.9
9(6)	3.75	3.5	5.2	5	4.3	3.2	2.8	3.9	2.9	3.1	3.6
10(6)	3.79	3.7	3.7	4.6	4.8	3.7	3.2	3.4	4.5	2.9	2.9
总平均	47.48	44.6	52.1	53.5	49.6	44.8	44.1	49.6	46.4	44.6	45.6

图5-13　"交变电流"新授课作业选择题
各班小题分、平均分对比

[①]　管小庆，桑芝芳.基于极课大数据下的物理学情诊断和教学优化策略［J］.物理教师，2016，37（12）：70-73.

极课系统提供了学生整体是否达成学习目标的数据，有了这样的数据，教师对学生的知识掌握情况就有了更加专业的判断，对如何调整教学有了明确的方向。

3. 利用 Moodle 平台测验模块获得评价大数据[①]

Moodle 平台的测验模块提供了非常完整的功能，为教师开展课前、课中和课后测验提供了非常便捷和高效的支持。Moodle 测试活动可添加的题目类型包括单选、多选、判断、填空、连线、问答等。教师可以定义题库，题目可以从外部文本文件导入，并可以在不同的测验里复用，也可以进行随机组合。教师组卷完成之后，可在主题学习区添加在线测试项目。在发布测验之前，教师要指定测验的开放时间、设置答题次数和选项排序方式等。Moodle平台还可以对测试数据进行统计分析，生成整体测验结果报告和每个人的测验结果报告。教师可以得到每个学生的测验数据，掌握每个学生的学习情况，发现教学中存在的问题并进行调整。学生在提交测试题后也可以得到及时反馈，了解自身的学习状况。

4. 使用"考试酷"平台进行在线考试

考试酷网站（https：//www．examcoo．com/）是由广州创讯软件有限公司开发和运营的一个免费的在线考试系统。考试酷平台具备在线考试、电子作业、自测和模拟考试、班级统一考试、录入试卷、智能组卷、考卷评阅与成绩管理等功能。

利用考试酷网络考试平台开展信息技术学科理论方面的测评[②]

广东省佛山市某中学信息技术老师梁秀红利用考试酷网络考试平台开展

---

① 嵝玉涛．应用课程管理平台实现多元化评价［J］．中小学数字化教学，2019（1）：92-94．

② 梁秀红．网络考试在初中信息技术教学中的应用［J］．福建电脑，2015（8）：151-152．

理论知识考查。在她的信息技术教学中,对考试酷平台的应用主要体现在单元知识测试、期末理论考试、毕业考试系统复习三个方面。

按照"组建题库"—"组建试卷"—"学生考试"—"查看成绩"四大步骤完成各次考试。具体操作如下:(一)组建题库。教师将初中三年信息技术的内容,按初一、初二、初三的章节顺序,分为 20 个试题,另加历年初三的信息技术毕业试题,组成题库。对于题库中的各章节试题,教师按逐题录入的方式进行基础题库的组建;对于毕业试题,教师将历年的信息技术毕业试题以 doc. 的文件格式,通过上传文件的方式进行组建。(二)组建试卷。教师在基础题库的基础上进行各类试卷的制作,通过智能组题的方式,按照所考查的内容,编制随机选题智能组卷规则。(三)学生利用考试酷进行考试。要求学生先在考试酷平台注册,登录后加入本班班级空间,即可进行相关的练习或考试。(四)查看成绩。学生在提交试题后,即可看到自己的考试得分以及自己的错对题情况及所错题的正确答案。教师既可对全班学生的考试情况进行查看,亦可对个别学生的答卷情况进行查看。通过"下载成绩表",可将全班学生的得分以 xls. 格式导出。通过成绩分析,可得出相关的统计结果。

考试酷网站自动统计分析得出分析报告,有助于教师了解整体学生和每个学生的测试结果;学生可以查看自己的得分以及每道题目的正误情况。

四、丰富的信息技术环境支持教学评一体化

对学生的评价不能只考虑一个环节或一项活动,而应贯穿整个课堂,甚至是课前、课中、课后全过程。利用丰富的信息技术构建智慧课堂环境,使用多种技术手段,组合应用各种软硬件,有利于使对学生的评价贯穿教学全程,支持教学评一体化。

例如,在课前预习中融入诊断性评价,借助问卷软件和网络教学平台等信息技术手段,明确课堂教学目标,发现学生存在的知识盲点和误区,进行

有针对性的教学设计。在课堂中，教师借助"电子书包"和在线互动平台的各种实用功能，设计贯穿教学环节的多种互动的形成性评价，充分发挥教学评价促进学习的作用。课后，借助相关网络平台开展知识检测，优化总结性评价，使检测更加方便、反馈更加及时高效，为下一轮教学提供依据。

案例分享

电子书包环境下初中数学智慧教育案例研究①

课前进行微课自学和线上检测。关于"从三个方向看物体的形状"这节课，电子书包包含丰富的资源。教师利用这些资源制作微课，让学生从熟悉的场景和事物出发，在课前进行自主学习。同时设置难度不高的线上检测，以了解学生存在的问题和预习的效果，从而做到及时调整教学设计，为课堂教学奠定基础。

在上课过程中，教师截屏发送题目至学生的平板电脑，学生利用平板电脑的拍照答题功能独立完成题目。随后，教师在电子交互平板上随机对比展示学生的完成情况，给学生展示自己的机会。教师利用电子书包对学生进行当堂检测。通过查看进度功能，教师可以清楚地了解到每个学生的做题速度。结束练习后，通过数据统计功能，可以清楚地看到学生的答题数据统计结果。通过课堂检测对学生学习情况的及时反馈，教师可以查漏补缺，从而有针对性地进行归纳讲解。

课后，教师要求学生通过思维导图展示对本节课学习的收获，并利用电子书包给学生布置开放性作业：利用电子书包的图形拼接、组合等功能自己创设一个组合图形的三视图题，其他学生在在线讨论中点名回答或抢答问题。

本案例中，教师使用电子书包实现了教学评一体化。电子书包的丰富功能支持课前自学检测、课上检测反馈和课后开放性作业，实现了课前调整教

---

① 肖亚萍，钟永江. 电子书包环境下初中数学智慧教育案例研究：以《从三个方向看物体的形状》为例 [J]. 中国信息技术教育，2018（Z3）.

学设计、课堂上针对性的讲解、课后的个性化评价。

DIS 智慧校园管理平台支持化学课堂评价①

数字化信息系统（Digital Information System，DIS）是由"传感器＋数据采集器＋实验软件包＋计算机"构成的新型实验技术系统。

教师课前布置学生自学教材内容，尝试解答课本上的 3 道例题，要求学生利用 DIS 智慧校园管理平台的手机拍照功能上传作业图片。教师批阅预习作业，并选出一部分存入平台手机展台模块以供课堂上点评。

上课时，教师应用思维导图软件分步展示并带领学生重温化学方程式的意义。接着，应用 DIS 智慧校园管理平台上的课堂互动功能，设计有关化学方程式意义的检测题，要求学生用答题器快速答题。但统计结果表明，例 4 题正确率仅为 73%，说明学生对"化学方程式所表示的量的关系"的理解不到位。教师引导学生自主纠错，解读检测题的每个选项，采集数据。

为了深化内容，教师展示两道例 2 变式题。学生小组合作讨论完成之后，教师挑选几种典型解法拍照上传并展示，邀请小组代表上台解析解题思路，直观展示学生的思维过程。教师对两种解题思路进行评析，帮助学生进一步巩固知识。

利用 DIS 平台，学生在课前解答例题并拍照上传，供教师批阅；课堂上学生参与检测，平台自动得出统计结果。因此，教师能够快速了解学生的答题情况，使得教学过程更加贴合学生的实际知识掌握情况，有助于学生学习。

如今，随着信息技术的发展及普及应用，教师能够更好地对学生的学习进行全面、科学、动态的评价。信息技术支持实时收集每个学生的学习过程数据，做到及时的、个性化的反馈，使得反馈更加具有针对性，帮助学生揭

---

① 黄躬芬，黄丹青. 构建基于动态学习数据分析的智慧课堂：以"化学方程式"的教学为例［J］. 中小学数字化教学，2019（11）：34-37.

示和剖析自己的学习过程，引导学生的学习；信息技术可以帮助教师收集学生多个方面的数据，从多个方面来评价学生，因此对学生的评价更加全面，从而增强学生的学习信心。从教师的角度来说，信息技术支持提供整体学生的学习情况分析数据，为教师诊断学生的学习情况、调整教学内容或进度提供依据，使得教学行为更加精确。

信息技术支持下的教学评价方式更多地强调对学生的关注，所以教师要树立"以人为本"的教学理念，借助信息技术对学生进行评价，促进学生的学习和发展。